로스터
마스터

로스트마스터
ROAST MASTER

1판 1쇄 발행 2019년 1월 25일
1판 3쇄 발행 2021년 8월 1일

지은이 (사)한국커피협회
펴낸이 강창범
펴낸곳 (주)커피투데이

출판등록 제2012-16호
주소 경기도 평택시 중앙2로 154-1
물류센터 070-7520-2114
홈페이지 www.coffeetoday.kr
전자우편 coffee2day@daum.net

가격 17,000원
ISBN 979-11-86627-16-7 (13570)

이 책은 저작권법에 따라 보호를 받는 저작물이므로 무단 전재와 복제를 금합니다. 이 책은 (사)한국커피협회와 (주)커피투데이의 독점계약으로 출간되었으므로 내용의 전부 또는 일부를 이용하려면 반드시 (사)한국커피협회와 (주)커피투데이의 서면 동의를 받아야 합니다.

(사)한국커피협회 지음

목차

Chapter 1
그린커피

Ⅰ 식물학적 분류
   1. 아라비카 품종 …14
   2. 로부스타 품종 …27

Ⅱ 화학적 성분 …29

Ⅲ 재배 환경과 가공
   1. 생육 환경 …41
   2. 가공 방법 …43

Ⅳ 산지
   1. 커피벨트 …52
   2. 아프리카 …53
   3. 아시아 · 태평양 …67
   4. 중남미 · 카리브해 …82

Chapter 2
로스팅과 향미평가

Ⅰ 커피 플레이버 휠과 표현
   1. 플레이버 휠의 이해 …122
   2. 플레이버 휠의 향미 표현과 용어 설명 …124
   3. 맛의 표현 …134
   4. 커피의 향미결점 …141

Ⅱ 로스팅을 통한 그린커피의 변화
   1. 물리적 변화 …147
   2. 화학적 변화 …154
   3. 향의 생성과 맛의 균형 …158

Ⅲ 커핑의 이해 및 실습
   1. 커핑 준비 …161
   2. 커핑 절차 …165
   3. 커핑 시트지 기록 방법 …169

Ⅳ 결점두 종류와 핸드픽 실습
   1. 결점두의 종류 …175
   2. 프라이머리 디펙트와 세컨더리 디펙트 …180
   3. 핸드픽 실습 …181

목차

Chapter 3
로스터의 구조 및 특성

Ⅰ 로스터의 종류
  1. 구조에 따른 분류 …185
  2. 열전달 방식에 따른 분류 …189

Ⅱ 로스터의 구조
  1. 호퍼 …194
  2. 드럼 …195
  3. 샘플러 …196
  4. 쿨러 …196
  5. 댐퍼 …197
  6. 사이클론 …198
  7. 열원 장치 …199
  8. 온도 조절 장치 …200

Ⅲ 로스터의 청소 및 유지보수
  1. 로스터기 청소 …201

Chapter 4
로스팅 실전

Ⅰ 가공 방식별 로스팅
  1. 워시드 프로세싱 …208
  2. 내추럴 프로세싱 …211
  3. 허니 프로세싱 …213

Ⅱ 대륙별 로스팅
  1. 아프리카 …216
  2. 중남미 …219
  3. 아시아 …221

Ⅲ 단계별 로스팅
  1. 라이트 로스팅 …224
  2. 미디엄 로스팅 …227
  3. 다크 로스팅 …229

목차

부록

Ⅰ 로스트마스터 실기평가
1. 로스트마스터 표준 커리큘럼 ···249
2. 로스트마스터 실기평가 안내 ···252

Ⅱ 한국로스팅챔피언십 입상자 블렌딩 프로파일
1. KALAS COFFEE 최민근 ···259
2. 시그니쳐로스터스 장문규 ···261
3. 부천최재영바리스타학원 정유정 ···263
4. 180커피로스터스 주성현 ···265
5. 180커피로스터스 이승진 ···267

Ⅲ 각종 상업용 로스터 소개
1. 스트롱홀드 테크놀로지 ···269
2. 기센 코리아 ···273
3. 태환 자동화 산업 ···284

Ⅳ 로스팅 용어사전 ···291

Ⅴ 로스트마스터 기출문제 ···328

Chapter 5
블렌딩

Ⅰ 블렌딩이란?
1. 블렌딩의 목적 ···236
2. 블렌딩 과정 ···237
3. 블렌딩 실전 ···238
4. 블렌딩 방식 ···240
5. 블렌딩 예시 ···241

ROAST MASTER

Chapter 1

그린커피

I 식물학적 분류
II 화학적 성분
III 재배 환경과 가공
IV 산지

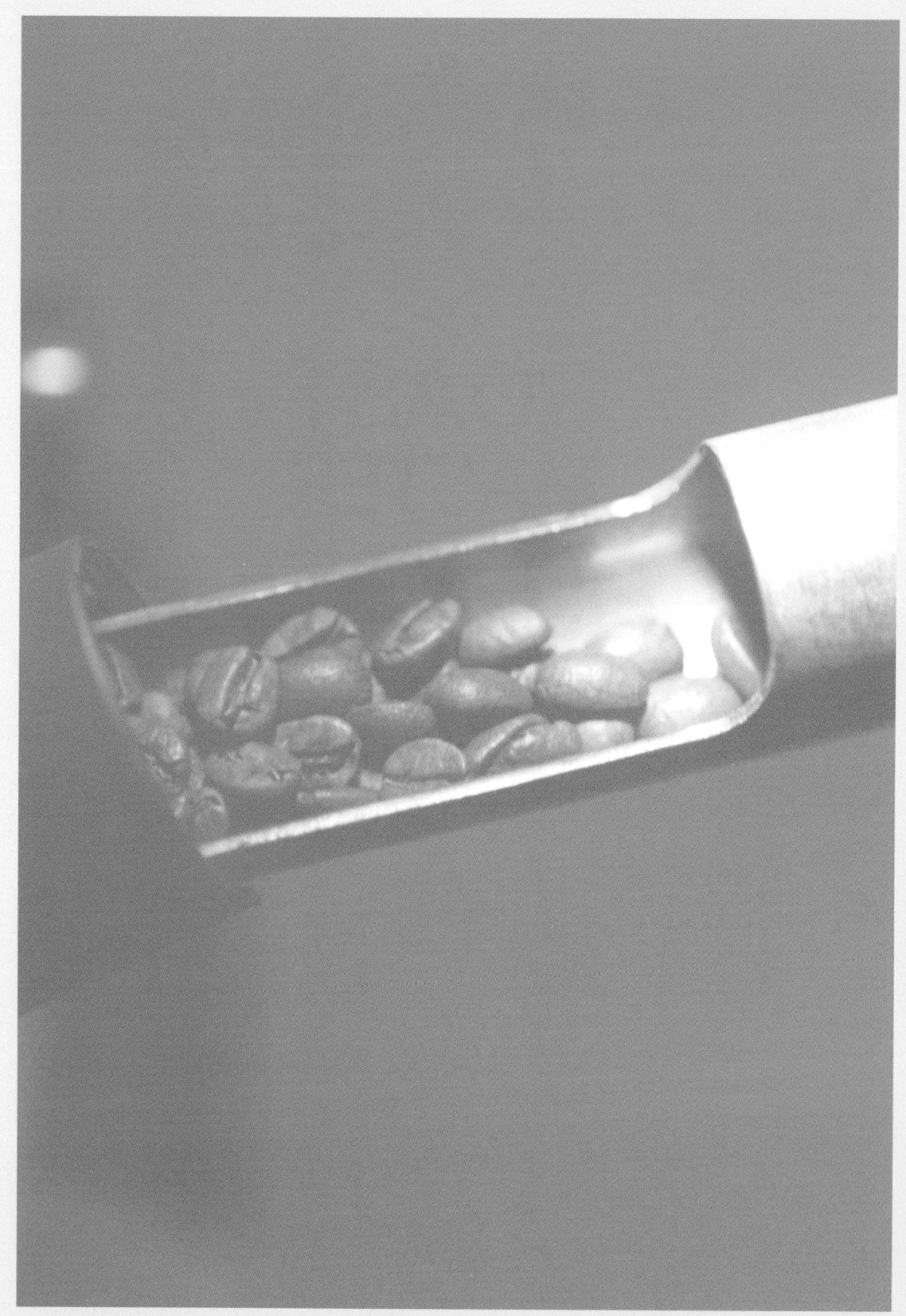

I 식물학적 분류

커피 품종은 야생부터 최근에 개발된 하이브리드 품종까지 매우 광범위하다. 영국 런던 왕립식물원이 지금까지 확인한 바로는 약 129가지에 달하는 것으로 알려졌지만 상업적 가치가 있는 것은 매우 적다고 한다. 상업적 용도로 재배되는 품종이 제한적이고 유전적 다양성도 부족하여 품종 개발에 관한 관심이 커피 업계뿐만 아니라 과학자들에게도 높아지는 추세다.

[사진 1-1] 영국 큐 왕립식물원 Kew Royal Botanic Gardens

커피는 꼭두서니과Rubiaceae 코페아속Coffea에 속하는 상록 쌍떡잎식물로 분류된다. 코페아속에는 많은 종이 존재하나 이 가운데 전 세계적 규모로 재배되는 종은 아라비카Arabica와 카네포라Canephora, 로부스타다. 그 외에는 소규모로 재배되는 리베리카Liberica와 엑셀사Excelsa가 있다.

[표 1-1] 식물학적 분류표[1]

강Class	쌍떡잎식물강Dicotyledoneae
아강Subclass	합판화아강Sympetalae 또는 통꽃아강Metachlamydeae
목Order	꼭두서니목Rubiales
과Family	꼭두서니과Rubiaceae
속Genus	코페아속Coffea
종Species	코페아 아라비카Coffea arabica, 코페아 카네포라Coffea canephora
아라비카 커피 품종	티피카Typica, 버번Bourbon

1) Roast Magazine 편집부, "The Book of Roast", (주)기센코리아, p.43.

[표 1-2] 슈발리에A.Chevalier에 의한 커피나무의 식물학적 분류[2]

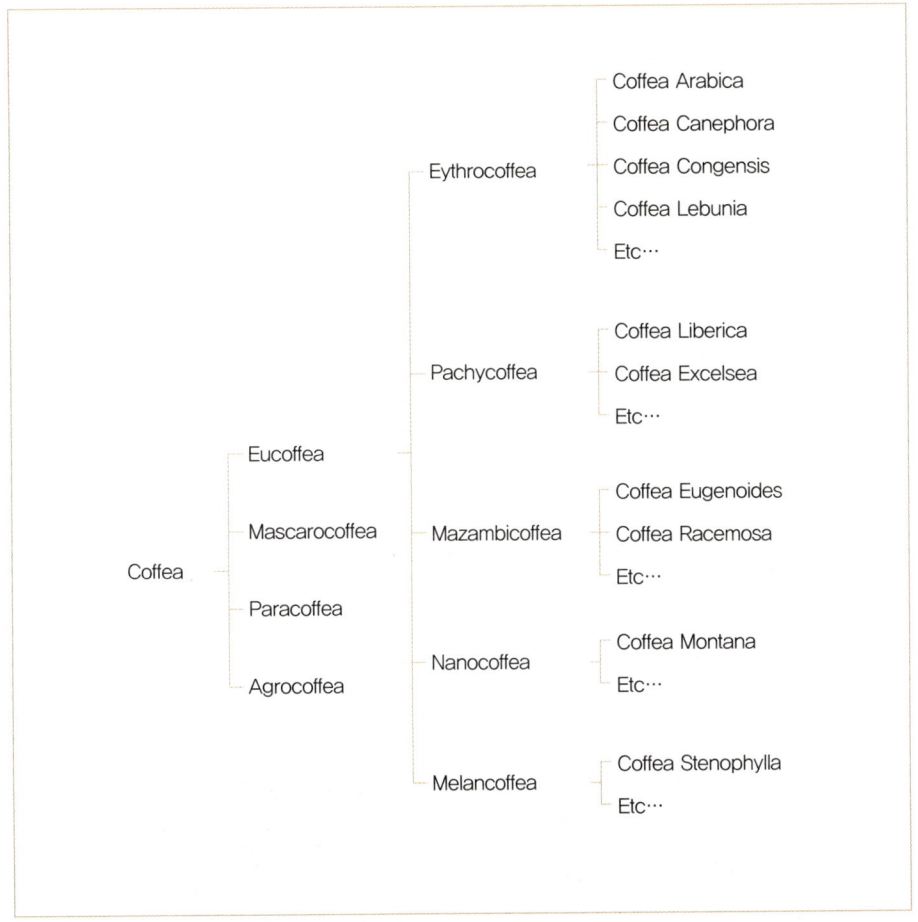

2) 장상문, "커피학", 광문각, p.33(F.berthou, C.mathier and F.Verder : ASIC, 10th Colloque, Salvador-bahia, 1982, 421).

1. 아라비카 품종

에티오피아에서 본격적으로 자생한 아라비카는 현재 커피벨트Coffee belt에 위치한 수십 개의 나라에서 재배되고 있다. 아라비카는 다른 종에 비해 신맛과 달콤함에서 뛰어나지만, 기후나 토양 등의 환경에 매우 민감하고 병충해에 약하여 재배가 까다롭다.

오늘날 시장에서 소비되는 커피 품종은 자연적으로 발생한 변종과 교배를 통한 육종 등 다양하다. 그중에는 고유의 향미를 가진 품종과 재배지의 환경 조건, 수확 방식과 가공 방식에 따라 영향을 받는 품종이 있다. 대부분의 거래가 산지를 기준으로 이루어지고 있어 소비자 대부분은 품종에 대해 잘 모르는 경우가 많다. 작은 농장에서 생산된 커피는 섞이기 쉽고 수출할 때도 지역명만 표기하는 경우가 많기 때문이다.

커피의 맛을 좌우하는 요인은 여러 가지가 있는데, 최근에는 커피 품종이 맛에 얼마나 큰 영향을 미치는지에 대한 연구가 활발히 이루어지고 있다. 다음은 현재 상업적으로 많이 생산되고 있는 아라비카 품종을 분류하였다.

[사진 1-2] 아라비카

1) 티피카 Typica

티피카는 스페인어 'Typico, -a'에서 유래된 명칭으로 영어로 'Typical 일반적인'을 뜻하며 아라비카 원종에 가장 가까운 품종이다. 에티오피아 남서부에서 기인한 것으로 추정된다. 네덜란드를 통해 예멘에서 아시아로 유입되었으며, 그 후 1720년 카리브해 지역과 라틴아메리카에 전파되었다. 다른 품종에 비해 단위면적당 생산량은 적은 편이지만 컵 퀄리티 Cup Quality가 뛰어난 커피를 생산할 수 있다. 현재까지도 많은 지역에서 재배되고 있으며 크리올로 Criollo, 수마트라 Sumatra, 아라비고 Arabigo 등으로 불린다.

[사진 1-3] 아라비카 커피 꽃

2) 버번 Bourbon

버번은 아라비카 원종에 가까운 우량종으로 예멘을 시작으로 버번섬 지금의 레위니옹 섬에서 자연 변이한 품종이다. 일부에서는 버번 원종이 존재한다고 주장하기도 한다.

1860년에 브라질에 처음 소개되었으며 인도와 에티오피아 지역의 다른 버번 품종과 혼합되었다. 단위면적당 생산량은 티피카보다 2~30% 많으나 다른 품종에 비하면 적은 편이다. 체리의 색은 붉은색, 노란색, 오렌지색 등 다양하다.

[사진 1-4] 버번

3) 문도노보 Mundonovo

1943년에 브라질 상파울루에서 발견된 버번과 티피카의 자연 교배종으로 1952년부터 브라질 농가에 보급되기 시작했다. 문도노보는 신세계라는 뜻으로, 이 품종이 발견되었을 때 많은 희망을 걸어 붙여졌다고 한다. 단위면적당 생산량이 많고 1,000~1,200m 고도의 지역에서도 재배할 수 있으며 병충해 내성이 강하고 나무는 큰 편이다. 문도노보 가운데 CP379-19, CP387-17e, MP0386-2가 많이 재배되고 있다.

[사진 1-5] 문도노보

4) 카투라Caturra

버번의 자연 돌연변이로 1915년~1918년 사이에 브라질 미나스제라이스주의 농장에서 발견되었다. 중미나 브라질 지역에서 많이 재배하고 있으며 왜성 식물Dwarf Plant[3] 혹은 반 왜성 식물Semi-Dwarf Plant로 키가 작아 단위면적당 생산량은 많고 손으로 열매를 따기도 쉽다. 하지만 과잉결실Over-bearing[4]이 발생하는 경우가 종종 있다. 콩은 작고 단단하며 붉은색과 노란색의 커피체리가 열린다.

---

3) 동일 종류, 동일 품종의 식물에서 유전적으로 키가 작은 식물
4) 나무가 지탱할 수 없을 정도로 많은 열매를 맺어 줄기마름병으로 고사하는 현상

[사진 1-6] 카투라

5) 카투아이 Catuai

카투아이는 브라질 원주민어로 '매우 좋다'라는 뜻이며 카투라와 문도노보의 교배종이다. 1942년에 브라질 캄피나스농업연구소Instituto Agronomico do Campinas, IAC에서 H-2077라는 명칭으로 연구 개발된 후 1972년에 보급되었고, 그 후 널리 재배되고 있다. 카투아이는 카투라의 왜성 식물 특성과 문도노보의 강한 생명력을 결합한 품종으로서 병충해에 강하고 특히 강한 비바람에도 체리가 떨어지지 않지만, 다른 커피나무에 비해 10여 년 정도 수명이 짧은 단점을 가지고 있다. 붉은색과 노란색의 커피체리가 열린다.

[사진 1-7] 카투아이

6) 마라고지페 Maragogype

1870년에 브라질에서 발견된 티피카의 자연 돌연변이다. 다른 품종과 쉽게 구분이 가능할 만큼 눈에 띄게 큰 품종이다. 크기가 일반 콩의 두 배 정도로 커서 엘리펀트빈 elephant bean 으로도 불린다. 마디 사이가 길어 열매가 많이 달리지 않아 일부 지역에서만 재배되고 있다.

[사진 1-8] 마라고지페

7) SL-28

근래에 높은 가치를 인정받고 있는 SL-28은 1935년에 스콧연구소Scott Agricultural Laboratories5)에서 개발되었다. 스콧연구소에서 선별, 개발된 품종에는 'SL'이라는 접두사가 붙는다. 그린커피의 크기는 평균보다 크며 특유의 블랙베리BlackBerry 향으로 알려져 있다. 케냐에서 재배되기 시작해 현재 라틴아메리카까지 퍼져 생산되고 있다. 고지대에서 탁월한 성장을 보이며 가뭄에 강한 편이나 커피 녹병에는 취약하다.

---

5) 현재의 케냐 국립 농업연구소(National Atmospheric Research Laboratory, NARL)

[사진 1-9] 케냐 국립 농업연구소(前 스콧연구소)

8) SL-34

1890년대 케냐를 거쳐 레위니옹섬에서 다시 아프리카로 들어온 프렌치 미션French Mission[6] 버번 품종 중 스콧연구소에서 선별된 커피다. SL-28과 같이 과일 향이 있지만, 컵 퀄리티가 다소 부족하다는 평가를 받는다. 커피 녹병에 취약하며 커피체리는 붉은색을 띤다.

---

[6] 1893년 프랑스 선교사들이 레위니옹섬에서 유래한 버번종을 재배하여 동아프리카의 주요 지대에 전달, 배포한 것

9) 비야 사르치 Villa Sarchi

단일 유전자 돌연변이가 있는 버번의 자연 돌연변이로 원래의 버번보다 작아 왜성 식물로 분류된다. 1950~1960년대 코스타리카 알라후엘라 지방의 사르치Sarchí 마을에서 발견되었고 마을 이름을 따 비야 사르치로 불리게 되었다.[7] 단위면적당 생산량이 많고 컵 퀄리티 또한 우수한 편이다. 높은 고도 조건과 강한 바람에 잘 견디는 것으로 알려져 있으며 성숙한 커피체리는 붉은빛을 띤다.

[사진 1-10] 비야 사르치

10) 파카스 Pacas

브라질의 카투라나 코스타리카의 비야 사르치와 비슷한 버번의 자연 돌연변이로

---

7) Vilasarch는 La Luisa 또는 Villalobos Bourbon이라고 불린다.

다른 버번 돌연변이와 같이 크기가 작다. 1949년 엘살바도르 산타아나 지역의 파카스족이 소유한 농장에서 발견되었고, 1960년 엘살바도르 커피연구소Instituto Salvadoreño de Investigaciones del Café, ISIC에서 파카스의 혈통 선택 프로그램이 시작되었다. 파카스는 버번과 유사한 특성으로 좋은 신맛과 바디를 가지고 있는 것으로 평가되고 있다.

11) 파카마라Pacamara

파카스와 마라고지페의 교배종으로 1958년 ISIC에서 개발하였다. 부모 종의 첫 글자 4개를 따 이름을 만들었다. 파카마라는 파카스의 높은 생산성을 가지고 있으며 동시에 마라고지페처럼 잎과 체리가 모두 큰 특성을 가지고 있다.

[사진 1-11] 파카마라

12) 게이샤 Geisha

1930년에 에티오피아의 야생에서 수집되어 탄자니아의 연구소로 보내진 후 코스타리카 열대 농업 연구 교육센터CATIE[8]로 가져와 T2722란 이름으로 등록되었다. 1960년대에 CATIE를 통해 파나마 전역으로 배포되었으나 어려운 생육으로 인해 환영받지 못하다가 2005년에 에스메랄다 농장Ha-Cienda La Esmeralda의 게이샤가 경매에 등장하여 매우 높은 점수를 받고 가격 기록을 경신하면서 독특하고 우수한 커피로 평가받게 되었다. 경매가는 2006년~2007년 커머셜 커피의 백배에 달하는 가격을 형성하기도 하였다. 이후 여러 지역의 많은 농장이 앞다투어 게이샤를 재배하게 되었다. 게이샤는 강한 꽃향과 감귤류의 산뜻한 신맛과 벌꿀의 단맛이 느껴지며, 특히 뛰어난 플레이버를 가지고 있어 최고의 커피로 평가되고 있다.

[사진 1-12] 게이샤 커피나무

[8] CATIE(Centro Agronómico Tropical de Investigación y Enseñanz): Tropical Agriculture Research and Higher Education Center

13) 루이루11 Ruiru11

1968년 케냐에서 발생한 커피베리병CBD, Caterry berry disease은 커피 생산량의 50%가 손실되는 위기를 불러일으켰다. 이를 계기로 CBD에 면역이 없는 품종에 대한 집중적인 육종프로그램을 시작하게 되고 1985년 루이루11이 개발되었다. 루이루11은 카티모르종과 SL28의 교배종으로 CBD에 높은 저항력과 커피잎녹병CLR, Coffee Leaf rust에 강하다. 키가 작아 같은 면적에 많이 심을 수 있으며 이식한지 18개월 정도가 지나면 수확이 가능하다.

14) 바티안 Batian

케냐 루이루 지역에 있는 케냐 커피연구소CRS9)에서 개발된 CLR 및 CBD에 저항성이 있는 품종이다. 루이루11과 SL-28, SL-34 등 여러 품종이 혼합되었다. 루이루11은 SL-28과 유사한 특성을 가지며 품질은 SL 계통의 품종보다 더 좋은 것으로 평가되고 있다.

[사진 1-13] 바티안 묘목

9) 현 CRI(Coffee Research Station)

15) 잭슨 2/1257 Jackson2/1257

1900년에 인도 마이소르 지역의 한 농장에서 CLR에 견딜 수 있는 나무를 잭슨이라는 농부가 발견하였다. 이 나무의 모종은 1920년 케냐와 탄자니아의 연구소로 보내져 현재 르완다에서 흔히 볼 수 있는 잭슨 품종을 만들어냈다. 인도의 같은 지역에서 재배되는 잭슨, 켄트, 마이소르로 알려진 품종들은 1670년 바바 부단Baba Budan10)에 의해 인도로 넘어온 예멘 버번 커피의 후손일 가능성이 크다고 알려져 있다.

16) 켄트 Kent

이 품종의 이름은 1920년에 진행된 인도의 커피 품종 개발 프로그램의 참가자 이름을 따서 만들어졌다. CLR에 대한 내성을 기르기 위해 개발되어 부분적으로 저항

[사진 1-14] 켄트

10) 바바 부단이라는 인도인이 성지 순례를 마치고 7개의 커피 씨앗을 인도로 빼내와 재배하는데 성공하였고, 인도 마이소르 지방의 산에 심었다. 훗날 바바 부단이라고 명명된 언덕에서 커피나무가 번성하게 되었으며 인도와 무역하던 유럽 국가들에 재배가 확대되었다.

력을 가지고 있으나 새로운 종류의 병충해에는 취약한 편이다. 높은 생산성을 가지고 있다.

2. 로부스타 품종

코페아 카네포라Coffea Canephora, 즉 로부스타는 원종의 특징을 따서 붙여진 이름이다. 19세기 벨기에령 콩고에서 발견된 로부스타는 상업적 가치가 매우 높게 평가받았다. 로부스타가 아라비카보다 비교적 고도가 낮고 온도가 높은 지역에서도 재배가 가능하고 병충해 내성도 우수하기 때문이다. 지금도 꾸준히 생산되고 있으며 세계 커피 생산량의 약 40%가량을 차지하고 있다.

로부스타는 아라비카의 열성쯤으로 여겨져 왔으나 최근 커피 유전자의 염기서열을 분석한 결과 로부스타가 아라비카의 부모격이라는 것을 밝혀냈다.

[사진 1-15] 로부스타

[표 1-3] COFFEE VARIETIES

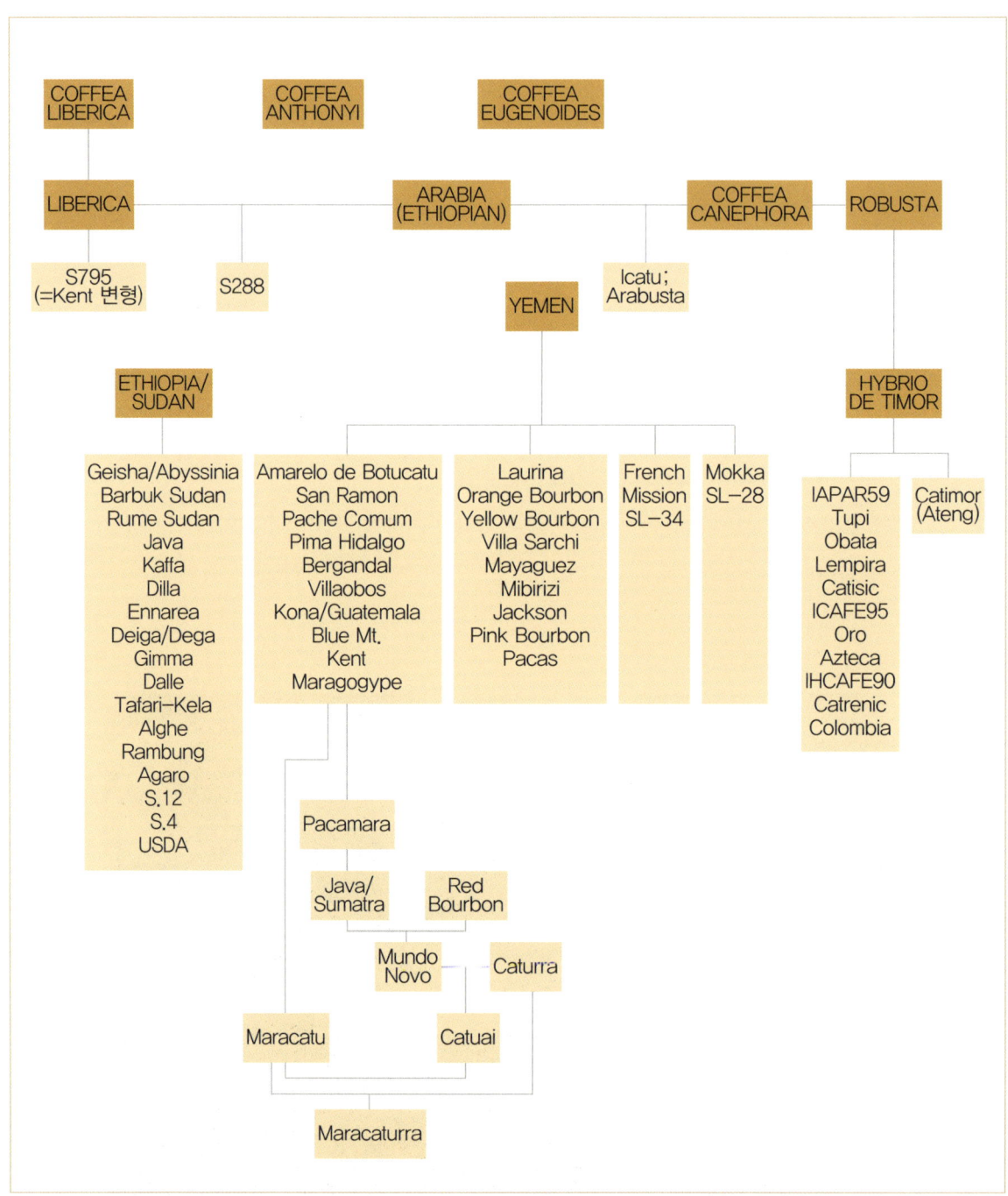

화학적 성분

그린커피의 품질을 결정하는 요소들은 다른 식물들과 크게 다르지 않다. 그러나 로스팅 과정을 겪어 원두가 되기 때문에 그린커피의 향보다 로스팅했을 때 향기물질로 변하는 전구물질의 양이 더욱 중요하다.

그린커피를 로스팅하면 표면에 있던 향은 날아가 버리고 가열 반응으로 만들어지는 향이 우리가 인식하는 커피의 향이 된다. 품종이나 분석에 따라 조금씩 다른 결과를 나타내기도 하지만 로스팅 시 변화하는 성분의 이해가 로스팅을 보다 과학적이고 일관된 품질을 유지할 수 있는 지침이 될 것이다.

[표 2-1] 아라비카와 로부스타의 화학 성분 비교 무수물 중 %[11]

성분	농도	
	아라비카	카네포라
탄수화물/식이섬유		
설탕	6.0~9.0	0.9~4.0
환원당	0.1	0.4
다당류	34~44	48~55

11) 장상문, "커피학", 광문각, p.49.

리그닌	3	3
펙틴	2	2
질소화합물		
단백질/펩타이드/카페인	10~11	11~15
유리 아미노산	0.5	0.8~1.0
카페인	0.9~1.3	1.5~2.5
트리고넬린	0.6~2.0	0.6~0.7
지방	15~17	7.0~10.0
다이터펜류	0.5~1.2	0.2~-0.8
산류		
클로로겐산	4.1~7.9	6.1~11.3
유기산	1	1
퀸산	0.4	0.4
미네랄	3.0~4.2	4.4~4.5

1) 탄수화물

그린커피에서 탄수화물은 구성물질의 반 이상을 차지하고 있다.

크게 단당류 포도당-Glucose, 과당-Fructose, 이당류 자당-Sucrose, 맥아당- Maltose, 유당-Lactose, 다당류 갈락토만난-Galactomannan, 아라비노갈락탄-Arabinogalactan로 나뉘는데 이당류인 유리당은 로스팅 시 마이야르 반응과 스트랙커 중합반응 Strecker reaction[12]에 의해 케톤, 퓨란,

---

12) 스트랙커 중합반응(Strecker reaction) - α-dicarbonyl 화합물과 α-amino산과의 산화적 분해 반응

알데하이드, 멜라노이딘 종류 물질과 관계된 화합물질로 바뀐다.

[도표 2-1] 마이야르 반응을 통한 탄수화물의 분해[13]

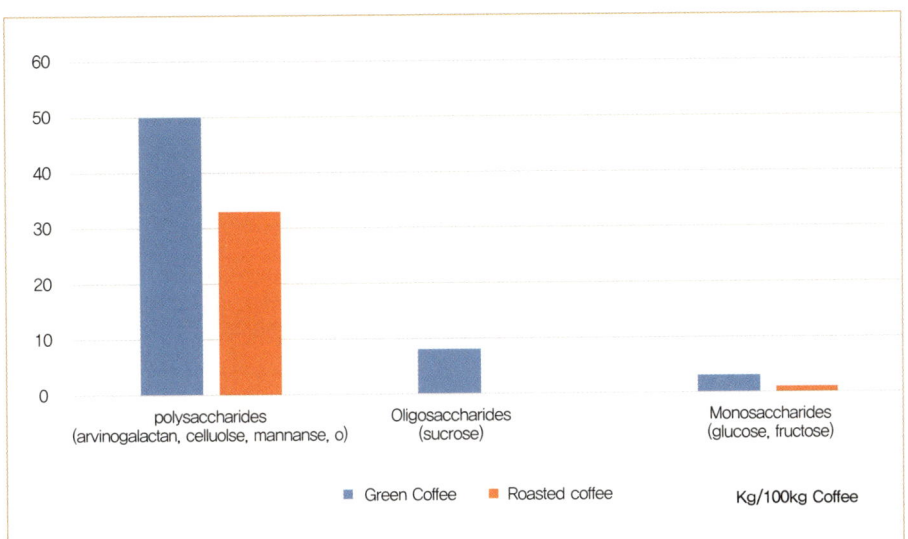

이는 색이나 향기의 형성에 영향을 미치며 단당류는 아미노산과 반응하여 남지 않는다. 다당류는 일부 분해되어 단당류가 되지만 대체로 열에 안정적이라 로스팅 후에도 남아 있게 된다. 갈락토만난과 아라비노갈락탄 같은 다당류는 에스프레소 크레마의 안정성 등에 기여하며 로스팅 정도에 따라 좌우된다. 그린커피에는 대략 6~8%의 자당을 주로 하는 유리당이 포함되어 있으며 보관 온도가 높을수록 유리당의 감소가 빠르다.

---

13) Gerhard A. Jansen, "커피 로스팅", 주빈, p.59.

[표 2-2] 그린커피 탄수화물의 종류 및 함량(건조물 %)[14]

탄수화물의 분류	아라비카종	로부스타종
가용성	9.2~13.5	6.2~11.9
단당류	0.2~0.5	0.2~0.5
올리고당	6.0~9.0	3.0~7.0
다당류	3.0~4.0	3.0~4.4
난용성	46.0~53.0	34.0~44.0
셀룰로스	41.0~43.0	32.0~40.0
헤미셀룰로스	5.0~10.0	3.0~4.0
총 탄수화물	55.2~66.5	41.2~55.9

2) 카페인

카페인은 커피나 초콜릿, 차 등 우리 실생활에서 쉽게 접할 수 있다. 요즘은 카페인 성분을 함유한 음료가 대중적인 인기를 얻고 있기도 하다. 커피의 쓴맛 성분 중 하나인 카페인은 퓨린염기류에 속하며 카페인의 함량은 품종과 재배 지역, 그리고 추출 방법에 따라 차이가 있다. 특히 로부스타종은 환경에 따라 아라비카의 2배 가까이 되기도 하며 성분 차이는 다음과 같다.

---

14) 한국커피전문가협회, "바리스타가 알고 싶은 커피학", 교문사, p.212.

[표 2-3] 커피 품종이나 재배지에 따른 카페인 함량 차이[15]

품종	재배지	카페인 함량(%, 무수물 중)	
아라비카	앙고라	1.32	1.21~1.45
	코트디브와르	1.22	0.84~1.52
	마다가스카르	1.16	0.58~1.69
	카메룬	1.35	0.90~1.89
로부스타	앙고라	2.42	2.18~2.72
	아이보리코스트	2.44	1.16~4.00
	카메룬	2.21	—
아라부스타		1.72	1.47~1.83
리베리카	—	1.35	—

카페인은 물에 잘 녹으며 온도가 높을수록 쓴맛을 나타낸다. 저온에서는 난용성인 카페인과 클로로겐산의 복합체가 응집하여 석출되는 백탁 현상이 일어난다. 이를 방지하기 위해서는 얼음에 뜨거운 추출액을 부어 냉각하면 좋다. 그린커피의 카페인 성분은 유해한 미생물과 세균 오염을 예방하는 항균 효과가 있으며 곰팡이 독의 일종인 오크라톡신 등의 생성을 예방하는 항박테리아 효과가 있다. 또한, 자외선 노출에 의한 피부암 유발을 억제하고 한시적으로 생리적 활력을 주고 약한 정도의 이뇨작용 효과가 있다.

---

15) 장상문, "커피학", 광문각, p.61.

3) 트리고넬린

트리고넬린은 카페인과 함께 커피의 쓴맛을 담당한다. 로스팅 과정에서 클로로겐산보다 높은 온도에서 열분해되며 피리딘Pyridine과 같은 화합물질은 향미 생성 역할을 하고 분해에 의해 니코틴산이 생성된다. 다양한 식품군에 존재하며 특히 어패류에 많이 함유되어 있다.

[표 2-4] 식품 중 트리고넬린 함량(mg/가식부 100g16)

식품	트리고넬린	식품	트리고넬린
완두콩	89	갯가재	90.5
가다랑어포	3.3	작지, 문어	56.5
다랑어, 참치	16.2	성게 간	9.9
소라	227.5	돼지 간	19.8
대합	38.7	아스파라거스	5.7
가리비, 해선	166.2	샐러리	73.3
성게	71.5	그린커피(Santos)	991
꽃게	155.3		

4) 유리 아미노산과 단백질

그린커피의 품종에 따라 단백질 함량은 평균 8~12% 정도이며 구성 성분인 아미노산의 종류도 다양하다. 유리 아미노산은 0.3~0.8%로 로스팅 과정의 향기 형성에 큰 영향을 미친다. 로스팅 과정 중 마이야르 반응과 스트랙커 중합반응Streaker reaction에

---

16) 장상문, "커피학", 광문각, p.63.

의해 분해되어 멜라노이딘 및 향기물질로 변화하는 전이 물질이다.

　열에 약하여 대부분 단백질은 쉽게 열분해되고 로스팅의 정도에 따라 글루탐산이 증가한다. 이러한 열로 인한 단백질의 조성 변화는 로스팅된 커피의 개성을 표현하는 요인이 되기도 한다.

[도표 2-2] 마이야르 반응을 통한 아미노산의 분해[17]

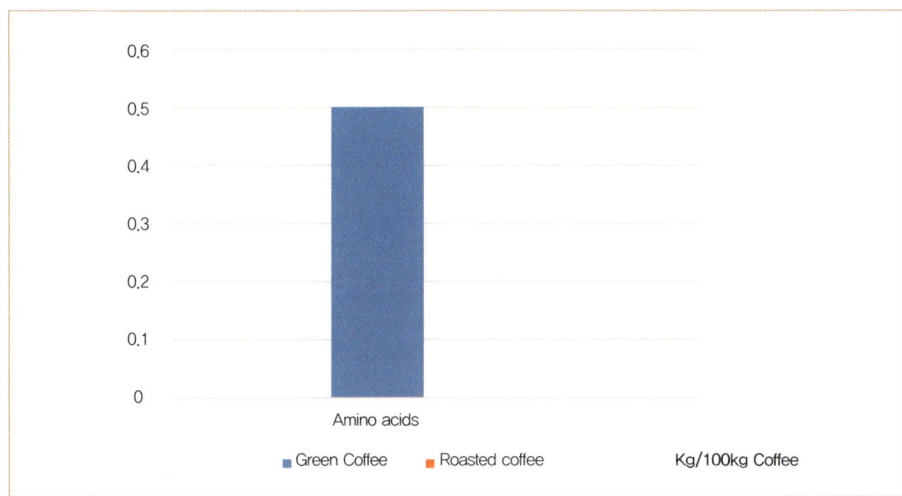

5) 지질 및 무기성분

　그린커피의 재배지나 기후, 품종에 따라 차이는 있으나 아라비카종은 평균 15.5%, 로부스타종은 평균 9.1% 정도이다. 대부분 지질은 배젖 부분에 있고 미량은 표면 부위에 있다. 지질의 구성 성분과 종류는 다양하며 그린커피의 부위에 따라 지질 조성이 다르다. 그린커피에만 존재하는 지질 성분은 카월Kahweal, 카페스톨Cafestol이 있는데 이는 오직 커피에서만 볼 수 있는 특이 지방이다. 일반 식품의 지방과는 달리 생

---

17) Gerhard A. Jansen, "커피 로스팅", 주빈, p.59.

리 활성 물질로 세포 성분에 대한 반응이 강하여 산화적 손상을 유발하는 활성산소 생성을 억제하고 산화적 스트레스를 예방한다. 또한 독극물과 발암 물질에 대한 항독, 항암 효능을 지니고 있다.

[표 2-5] 그린커피의 지방 분류 및 함량[18]

지방 종류	함량(%)	구성 성분
중성지방	79~80	리놀레산, 팔미트산의 에스테르
유리지방산	0.5~2.0	—
다이어펜 에스테르	15~18.5	리놀레산, 팔미트산의 에스테르
트리터펜, 스테롤, 메틸스테롤 등의 에스테르	1.4~3.2	카페스톨, 카월 시스토스테롤, 캠페스테롤, 스티그마스테롤
다이터펜, 트리터펜, 스테롤 등의 유리형	1.4~3.4	—
인지질	0.1	—
토코페롤	0.3~0.7	—
하이드록시트립드아마이드	0.3~1.0	아라키딕 아마이드 등
탄화수소	0.1 이하	스쿠알렌

로스팅하는 동안 비휘발성 지방류는 거의 변하지 않는다. 지질의 대부분은 세포벽 내 액체 상태로 존재하며 내부의 팽창이 커지면서 표면으로 이동한다. 짧은 시간 강하게 로스팅하는 경우 쉽게 오일 성분이 표면으로 배출되며 강하게 로스팅될수록 지질의 이동이 쉬워진다.

그린커피의 무기질 함량은 4% 내외로 대부분 수용성이며 종류가 다양하다. 그중 칼륨^K 성분을 가장 많이 포함하고 있으며 마그네슘^{Mg}, 황^S, 칼슘^{Ca}, 인^P 등이 미량 존

---

18) 한국커피전문가협회, "바리스타가 알고 싶은 커피학", 교문사, p.214.

재한다.

    항진균 작용이 있는 구리$_{Cu}$는 아라비카종보다 로부스타종에 더 많은데, 로부스타 커피에서 곰팡이 발생이 적은 이유도 카페인과 함께 구리 성분이 더 많기 때문이다.

5) 클로로겐산

[표 2-6] 그린커피의 주요 클로로겐산류의 평균 함량^{무수물 중 %}[19]

품종		아라비카종	로부스타종	아라부스타	리베리카
CQA	3-	0.51	0.79	0.54	0.81
	4-	0.71	0.96	0.82	
	5-	4.79	5.49	4.94	5.81
	소계	5.56	6.7	6.4	6.62
diCQA	3,4-	0.2	0.58	0.47	0.21
	3,5-	0.43	0.56	0.42	0.25
	4,5-	0.29	0.89	0.47	0.44
	소계	0.92	0.83	1.35	0.9
FQA	3-	0.015	0.075	0.04	
	4-	0.05	0.135	0.1	
	5-	0.28	0.84	0.66	
	소계	0.36	1.175	0.8	
기타			0.31	0.14	
총계		6.57	9.04	8.69	7.52

19) 장상문, "커피학", 광문각, p.52.

그린커피에는 적어도 13종의 클로로겐산이 알려져 있고 함량은 품종이나 재배환경에 따라 다르다. 크게 커피산Caffeic acid와 퀸산Quinic acid으로 분해된 후 계속 다른 물질로 전환된다.[20] 카페인이나 클로로겐산 등은 곰팡이 번식이나 천적들을 막아주는 요소로 일종의 방어체계를 형성한다. 이는 대부분 로스팅 과정에서 소실되거나 휘발성 향미 화합물로 분해되며 신맛을 내기도 하지만 쓴맛과 거친 맛, 금속과 같은 뉘앙스로 후미에 좋지 않은 영향을 미친다. 로스팅 시 온도가 높아짐에 따라 클로로겐산의 함량이 줄어들며 활성산소 중 산화적 스트레스를 초래하는 수산화라디칼Hydroxyl radical, OH을 제거하는 능력이 탁월하여 과산화지질의 생성을 억제하고 활성산소와 결합하여 물이 체외로 쉽게 배출되는 효과가 있다. 이 환원력은 신선할 때의 커피에 한정된 것으로 오래된 원두는 산화력이 강해진다. 이것은 커피의 로스팅 정도와 그린커피의 열화에 따라 성분의 함유량 변화가 크다.

6) 기타 성분

그린커피는 다양한 종류의 비타민을 함유하고 있다. 비타민B_1티아민(Thiamine), 비타민B_2리보플라빈(Riboflavin), 비타민B_3니아신(Niacin) 또는 니코틴산(Nicotinic acid), 판토텐산Pantothenicacid, 비타민B_{12}코벨러민(Cobalamin) 비타민C아스코브산(Ascorbic acid) 등이 이에 속한다. 비타민의 종류와 특성에 따라 로스팅의 열작용으로 파괴되는 정도는 다른데 비타민B_1, 비타민C는 대부분 파괴되지만, 니코틴산, 비타민B_{12}, 엽산은 열에 의한 영향을 덜 받는다. 니코틴산은 그린커피보다 로스팅 후 더 증가하는데 트리고넬린 열분해로 니코틴산이 생성되기 때문이다.

유기산은 카페인산Caffeic acid, 구연산Citric acid, 사과산Malic acid, 주석산Tartaric acid, 인산Phosphoric acid 등의 비휘발성과 식초산Acetic acid과 같은 휘발성으로 구성되며 신맛에 영향을 준다. 특히 퀸산Quinic acid, 사과산, 구연산은 커피에서 중요한 산으로 로스

---

20) 최낙언, "과학으로 풀어본 커피향의 비밀", 서울꼬뮨.

팅 시간에 따라 달라진다. 이들 성분은 열분해와 중합 과정을 거쳐 다양한 색과 향을 만들게 한다.

III 재배 환경과 가공

그린커피는 환경조건에 따라 성장과 그 수명은 달라지며 그린커피의 품질에 많은 영향을 미친다. 재배가 까다로운 아라비카에 비해 환경적응력이 좋은 로부스타는 낮은 지형에서도 잘 자란다.

[사진 3-1] 커피 묘목

1. 생육 환경

아라비카는 에티오피아 고지대에서 유래하였고 그 향과 맛은 유사한 재배조건에서 가장 잘 유지된다. 높은 고도의 적도 근처가 아라비카 경작에 유리하며 높은 고도에 의한 일교차는 당과 다른 가용성 고형물을 더욱 풍부하게 만든다. 강수량은 최소 1,200mm에서 최대 2,400mm 정도가 좋으며 과도한 강수량은 불규칙한 체리 성숙을 일으키고 또한 건조가 잘 이루어지지 않아 품질을 떨어트리는 요인이 된다. 반대로 건기가 과도하게 길어져도 질병이나 열매의 미성숙 등이 일어난다.

[도표 3-1] 고도에 따른 커피의 재배 품종[21]

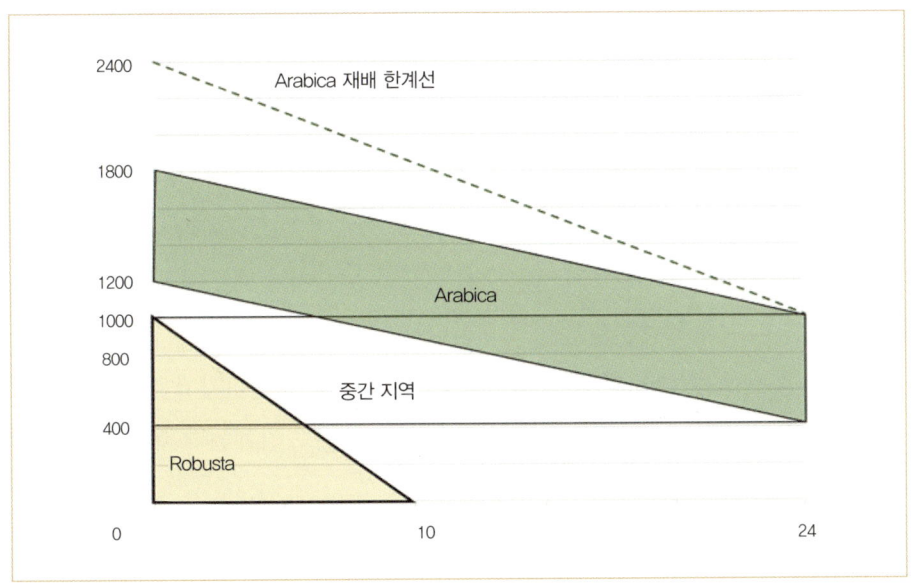

---

21) Jean Nicolas Wintgens, "Coffee Growing, Processing, Sustainable Production", WILEY-VCH.

[도표 3-2] 위도에 따른 커피의 재배 품종[22]

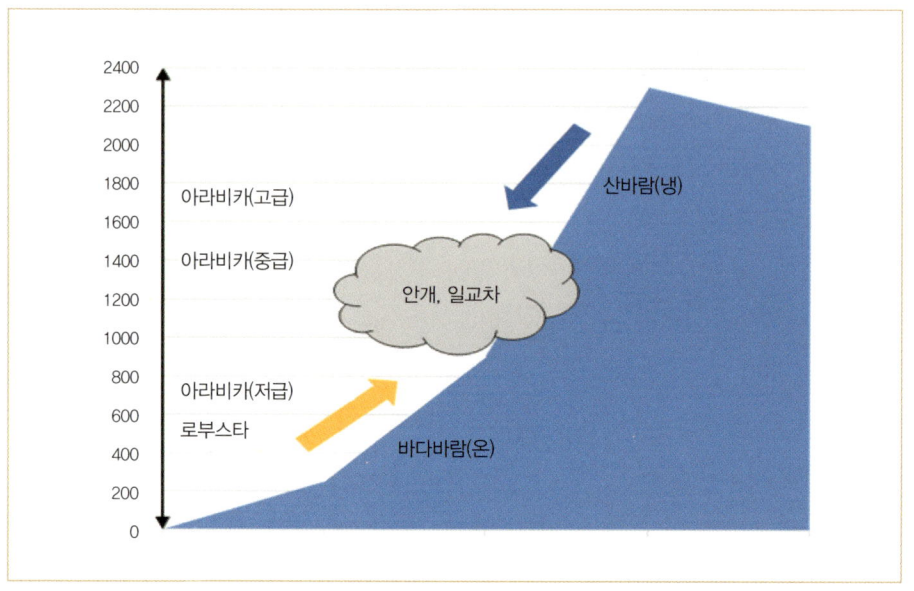

 일반적으로 고도와 위도는 생육 기후 조건을 결정지으므로 커피 향미를 생성하는 데 큰 영향을 미친다. 고도가 높을수록 온도는 낮아지기 때문에 일교차의 큰 변화를 이겨내기 위해 영양분을 많이 축적한다. 그래서 높은 고도에서 자라는 커피일수록 풍부한 맛을 갖는다. 반대로 고도가 낮아지면 온도가 올라가고 강수량이 늘어 병충해가 잘 발생하여 스스로 보호하기 위한 방어체계로 카페인과 같은 독특한 성분을 만들어낸다.
 커피나무를 재배하는 데 있어 질소, 칼륨, 칼슘, 아연, 붕소와 같은 토양의 영양 상태가 중요하다. 칼륨은 당과 산류의 생성, 질소는 아미노산과 단백질 축적과 카페인 함유량에 영향을 미친다. 칼슘은 그린커피의 밀도를 높이고 세포벽 형성에 필수적인 요소이다. 아연은 단백질과 성장에 영향을 주며 붕소는 수확량에 영향을 미친다.

---

22) Jean Nicolas Wintgens, "Coffee Growing, Processing, Sustainable Production", WILEY-VCH.

커피는 품종에 따라 생육조건과 성분이 달라진다. 아라비카는 로부스타에 비하여 클로로겐산과 카페인 성분이 더 낮으나 지방 함량은 60% 정도 더 많다. 쓴맛을 내는 카페인과 클로로겐산이 적어 맛에 더 유리하다. 지방 성분이 많아 많은 휘발성 냄새를 오일에 가둘 수 있어 향기를 유지하기가 더욱 유리하다.

[사진 3-2] 수확한 커피체리

2. 가공 방법

그린커피의 가공은 열매에서 그린커피를 채취하여 로스팅할 수 있도록 준비하는 것이다. 모든 층을 제거하고 그린커피의 수분 함량이 표준 10~12%가 되도록 건조해야 하며 미생물의 활동을 최소화하거나 제거하는 것이 커피체리 가공의 핵심 요소이다. 농부는 사용 가능한 자원, 토양과 기후 등 환경조건, 발현시키려는 맛에 따라 체리 가공 방식을 결정한다.

일반적으로 내추럴, 워시드, 펄프드내추럴 등의 가공법이 있으며 그 외에 변형된 가공법도 시행되고 있다.

[사진 3-3] 가공되기 전 커피체리

1) 내추럴 프로세스 Natural Process

내추럴Full Natural 혹은 건식 가공Dry Process으로도 알려진 내추럴 프로세스에서는 그린커피를 건조하는 동안 과실의 전체를 그대로 유지한다. 그린커피를 포함한 체리 속 모든 층이 건조될 때까지 체리에서 그린커피를 제거하지 않는다. 커피를 기계로 수확하는 농장에서는 커피를 수확할 때 많은 체리가 이미 건조된 경우가 많다. 레이즌Raisin, 건포도이라고 칭하는 이 건조된 체리는 따로 분리하여 내추럴 커피로 판매할 수도 있다.

내추럴 커피는 달콤하고, 발효된 베리류의 과일맛이 특징이며 발효된 과일, 자극적인 신맛 등이 발현될 수도 있다. 혹은 잘못된 방식으로 건조하면 부정적으로 느끼는 발효된 맛이 생긴다.

[사진 3-4] 체리 상태로 건조 중인 그린커피

2) 워시드 프로세스 Washed Process

습식 가공 Wet process이라고도 불리며 외피와 펄프를 제거할 뿐 아니라 커피를 건조하기 전에 점액질도 제거한다. 전통적으로는 점액질을 발효시켜서 제거한다. 점액질이 분해되거나 없어질 때까지 물에 담가 발효시키거나 습식 발효, 물 없이 건식 발효 발효시켜 점액질이 완전히 제거되면 발효 과정은 완료된 것으로 간주한다. 발효 과정에는 6~72시간이 소요되고 커피의 양, 온도, 물을 사용하는 경우 물의 온도 등에 따라 달라진다.

[사진 3-5] 디펄퍼로 점액질 제거를 하고 있다.

[사진 3-6] 디펄퍼의 내부

Chapter 1 | 그린커피 47

[사진 3-7] 디펄퍼에서 액화된 커피 점액질

또는 점액질제거기Demucilager, Demucilator, Depulper를 사용하는 방법이 있다. 점액질 제거기는 커피를 작은 공간에 넣고 파치먼트가 서로 문질러지고 부딪혀 발생하는 압력으로 점액질이 액화되며, 공정 중 소량의 물을 첨가해 단 몇 분 만에 세척할 수 있다. 이를 세미 워시드Semi Washed Process라고 하며 일반 워시드 방식과 향미 차이는 거의 없다.

[사진 3-8] 커피체리와 껍질이 제거되어 점액질이 붙어 있는 상태의 그린커피

3) 펄프드 내추럴 프로세스 Pulped Natural Process

수확한 체리를 껍질만 제거하는 방식으로 파치먼트와 점액질로 덮인 그린커피를 건조시킨다. 1990년 브라질Cereja Descascado로 불림에서 시작되었고 스트리핑Striping이나 기계수확을 한 체리를 가공하는 방식이다. 덜 익은 체리나 불순물이 섞여 수확되기 때문에 물에 담가 무거운 체리와 가벼운 체리를 구분하여 가공한다. 건조 시간은 내추럴 방식에 비해 짧아 미생물에 의해 발효될 위험이 적다. 결과적으로 완숙된 체리로 가공되므로 높은 품질의 커피를 생산할 수 있다.

[사진 3-9] 건조 중인 체리

4) 허니 프로세스 Honey Process

펄프드 내추럴과 비슷하지만 허니 프로세스는 수확하기 전 샘플을 채취해 당도를 측정하여 완전히 익은 체리만을 선별, 수확하고 다시 3차에 걸쳐 선별 후 체리의 껍질만 제거하여 과육의 점액질이 붙어 있는 상태로 건조시키는 작업이다. 점액질의 두께에 따라 화이트White, 옐로Yellow, 레드Red, 블랙Black으로 나뉜다. 화이트에 가까울수록 워시드에 가깝지만 단맛을 가지고 있고, 블랙으로 갈수록 남기는 점액질의 두께가 두꺼워 내추럴 커피의 특성을 가지며 깔끔한 맛이 특징이다.

[사진 3-10] 건조 중인 체리

5) 용어의 진화

2015년 1월에 미국스페셜티커피협회Specialty Coffee Association of America, SCAA는 브라질 라브라스대학의 플라비오 보렘Flavio Borem 박사와 함께 기존 그린커피에서 과육을 제거하는 방식에 초점을 두었던 프로세싱 용어와는 달리 건조하는 방식에 초점을 맞춘 새로운 용어를 발표했다.

[표 3-1] 커피 프로세싱 용어의 진화[23]

- ▶ 프루트 건조 Fruit-dried : 체리 상태로 건조한 커피
- ▶ 펄프 건조 Pulp-dried : 껍질은 제거하나 과육을 제거하지 않고 건조한 커피
- ▶ 파치먼트 건조 Parchment-dried : 껍질과 과육은 제거하나 파치먼트는 제거하지 않고 건조한 커피
- ▶ 시드 건조 Seed-dried : 건조하기 전 껍질과 과육, 파치먼트까지 제거한 커피

---

23) Roast Magazine 편집부, "The Book of Roast", (주)기센코리아, p.59.

Ⅳ 산지

1. 커피벨트 Coffee Belt

커피 존 Coffee Zone 이라고도 한다. 남북 양회귀선 북위 23°27′, 남위 23°27′ 사이의 아열대 기후인 이 지역은 커피 재배에 적당한 기후와 토양을 가지고 있다. 커피 재배는 평균기온이 약 20℃로 연간 큰 기온차가 없으며, 강우량은 평균 1,500~1,600mm, 유기질이

[그림 4-1] 커피벨트

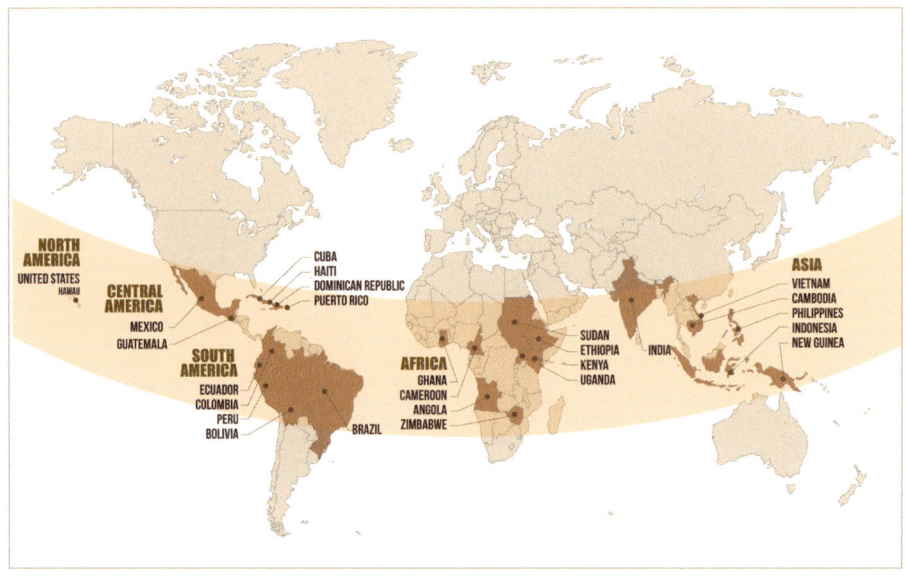

풍부한 비옥토, 화산질 토양이 적당하다. 커피는 지역의 특성과 기후, 환경적인 영향으로 모양과 크기 등 물리적인 요소뿐 아니라 화학적 성분, 맛 등이 차이가 나며 특성을 이해하면 원하는 향미의 커피를 쉽게 찾을 수 있다.

2. 아프리카

1) 에티오피아 ETHIOPIA

에티오피아는 커피의 탄생지라고 불린다. 아라비카는 남수단에서 처음 발견된 에티오피아로 전파되어 크게 발전하였다. 1920년대까지 야생에서 재배하는 경우를 제외하고 하라리 Harari 와 아비니시아 Abyssinia 두 종류의 등급으로 구분하다가 1957년 에티오피아 국가커피위원회 National Coffee Board of Ethiopia, NCBE 가 설립되고 커피산업이 구조적으로 성장하면서 새로운 등급체계도 도입되었다.

[사진 4-1] 에티오피아 커피농장

1970년대에 하일레 셀라시에Haile Selassie 황제체제가 전복되면서 개인의 토지 소유와 노동 고용이 불가능해지고 이는 커피산업에 막대한 타격을 입히게 된다. 이후 1991년 에티오피아 인민혁명 민주전선Ethiopian People's Revolutionary Democratic Front, EPRDF이 등장해 군부독재를 타도하고 민주주의 사회의 첫걸음을 내딛게 되었다.

국제시장은 개방되었으나 생산자들이 감당할 수 없을 만큼 거대한 시장가격의 변화에 대처가 필요했다. 이는 에티오피아 협동조합의 형성으로 이어졌고 협동조합은 조합원들에게 자금과 시장정보, 운송수단을 지원하게 된다.

2008년 에티오피아 상품거래소Ethiopia Commodity Exchange, ECX가 설립되면서 커피의 정확한 이력을 추적하기 어려워졌으나, 농부들이 대금을 더 빨리 받을 수 있게 되었다.

에티오피아 커피는 다채로운 맛을 가지고 있는데, 그 대표적인 플레이버로 시트러스Citrus를 들 수 있다. 생산되는 품종은 산지와 농장의 토양 기후, 재배나 가공 방법 등에 따라 지역별 특성이 강하게 나타난다.

[사진 4-2] 에티오피아 상품거래소

대표 지역명	특징
시다모 (SIDAMO)	시다모는 하라르, 예가체프와 함께 정부가 자국의 커피를 널리 알리기 위해 2004년에 상표로 등록한 세 곳 중 하나이다. 워시드와 내추럴을 함께 생산하고 있다. 1942년 이탈리아로부터 독립한 후 원주민들이 시다마(Sidama)라고 부르던 데서 이름이 유래되었다. 이 지역은 에티오피아에서도 가장 높은 고도에서 커피를 재배하는 곳이다. ■ 고도 : 1,400~2,200m ■ 수확 시기 : 10월 ~1월 ■ 품종 : 재래품종Heirloom Varieties
예가체프, 이르가체페 (YIRGACHEFFE)	예가체프는 대부분 시트러스의 향과 꽃향기가 많고 가볍고 고급스러운 바디를 가지고 있어 뛰어난 매력을 지닌 산지로 꼽힌다. 워시드와 내추럴 두 가지 모두 취급한다. ■ 고도 : 1,750~2,200m ■ 수확 시기 : 10월 ~1월 ■ 품종 : 재래품종Heirloom Varieties
하라, 하라르 (HARRAR)	하라르라는 작은 마을을 에워싸고 있는 형태의 산지이며 가장 오랫동안 커피를 생산해온 지역 중 하나다. 하라르 지역은 매우 건조하여 재배 시 관개시설이 필요하다. ■ 고도 : 1,500~,2100m ■ 수확 시기 : 10월 ~2월 ■ 품종 : 재래품종Heirloom Varieties
리무 (LIMU)	이 지역의 커피 생산자들은 대부분 영세농민이나 우수한 커피가 생산되고 있다. 정부 소유의 대형농장도 일부 존재한다. ■ 고도 :1,400~2,200m ■ 수확 시기 : 11월 ~1월 ■ 품종 : 재래품종Heirloom Varieties
짐마 (JIMA)	남서부에 있는 이 지역은 에티오피아 커피 총생산량에 많은 부분을 차지하고 있다. 지역의 이름은 'Jimmah', 'Jimma', 'Jima' 등으로 표기된다. ■ 고도 : 1,400~2,000m ■ 수확 시기 : 11월 ~1월 ■ 품종 : 재래품종Heirloom Varieties

■ ETHIOPIA COFFEE MAP

2) 케냐 KENYA

케냐의 커피는 영국 식민지배를 통해 대형농장에서 생산되어 런던에 매매되는 형식이었다. 1933년에 케냐커피위원회Kenyan Coffee Board가 설립된 후 케냐수출입협회Kenya Coffee Traders Association, KCTA에서 만들어진 경매 시스템은 현재에도 활용하고 있으며 커피의 품질 향상을 위해 등급을 정하는 프로토콜도 만들어졌다.

[사진 4-3] 케냐 나이로비 커피경매소의 커피 샘플룸

1963년 영국에서 독립한 후 현재까지 커피 연구개발은 활발하게 이루어지고 있으며 농부들은 커피 생산에 관한 교육을 받을 수 있어 더욱 다양한 고품질의 커피가 생산되고 있다. 수출되는 모든 커피에 등급을 적용하며 커피의 크기와 그 범위를 명확하게 규정하고 품질에도 어느 정도 연관성이 있다.

케냐에는 스페셜티커피 업계로부터 관심 받고 있는 SL-28과 SL-34 품종이 있다.

두 품종은 스콧 연구소 Scott Lavoratories에서 개발되어 케냐의 고품질 커피는 대부분 이 두 가지 품종을 바탕으로 만들어진다. 그러나 이 두 품종은 커피잎녹병 Coffee Leaf Rust, CLR에 취약해 그 후 개발된 것 중 하나가 루이루11과 바티안이다.

[사진 4-4] 커피잎녹병에 걸린 커피나무

대표 지역명	특징
키암부 (KIAMBU)	케냐 중부에 위치한 지역으로 대형농장이 많으나 대부분 다국적 기업이 소유하고 있다. 이곳의 커피는 티카(Thika), 루이루(Ruiru), 리무루(Limuru) 등과 같이 불리기도 한다. ■ 고도 : 1,500~2,200m ■ 수확 시기 : 10월~12월(주 수확), 6월~8월(부 수확) ■ 품종 : SL-28, SL-34, Ruiru11, Batian
니에리 (NYERI)	사화산이 니에리 중심부에 있다. 화산성 토양의 영향으로 케냐 최고의 커피 중 일부가 생산되는 지역이고 대형 커피농장보다는 영세한 농민의 수가 더 많다. 일년에 두 번 커피를 생산하고 그중 주 수확 시기에 수확되는 것이 고품질로 인정받는다. ■ 고도 : 1,200~2,300m ■ 수확 시기 : 10월~12월(주 수확), 6~8월(부 수확) ■ 품종 : SL-28, SL-34, Ruiru11, Batian
무랑아 (MURANG'A)	화산성 토양의 영향을 많이 받는 지역이다. 영세농민의 비중이 높다. ■ 고도 : 1,350~1,950m ■ 수확 시기 : 10월~12월(주 수확), 6~8월(부 수확) ■ 품종 : SL-28, SL-34, Ruiru11, Batian
키린야가 (KIRINYAGA)	니에리 동쪽에 인접한 지역으로 화산성 토양의 영향을 받고 있다. 주로 영세농민이 생산하며 고품질의 커피가 자주 나오는 지역이다. ■ 고도 : 1,300~1,900m ■ 수확 시기 : 10월~12월(주 수확), 6~8월(부 수확) ■ 품종 : SL-28, SL-34
엠부 (EMBU)	케냐산 인근에 위치하고 있다. 이 지역의 인구 약 70%가 영세농민으로 커피와 차를 생산한다. 상대적으로 규모가 작은 산지이다. ■ 고도 : 1,300~1,900m ■ 수확 시기 : 10월~12월(주 수확), 6~8월(부 수확) ■ 품종 : SL-28, SL-34, Ruiru11, Batian, K7

■ KENYA COFFEE MAP

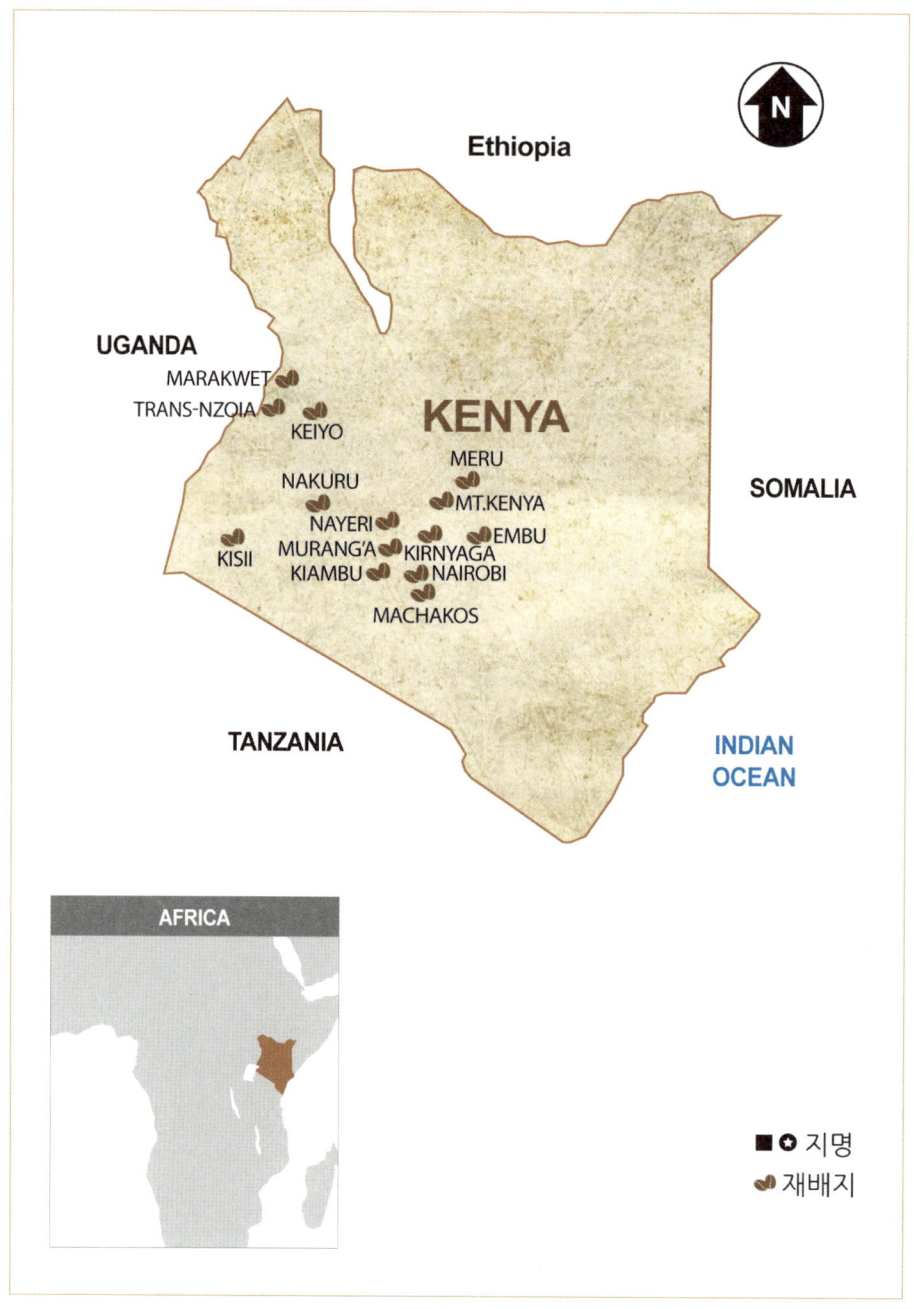

3) 르완다 RWANDA

1904년 독일 선교사들을 통해 재배를 시작하였고 현재는 르완다의 모든 지역에서 커피를 재배하고 있다. 주로 재배되는 품종은 미비리지Mibirizi와 잭슨Jackson으로 미비리지는 과테말라로부터 르완다에 넘어온 버번의 자연돌연변이로 르완다의 선교시설 이름을 따서 지어졌다. 1990년대 르완다 애국전선Rwandan Patriotic Front, RPF이 내전을 일으키면서 백만 명에 달하는 사람들을 학살, 커피산업에도 엄청난 타격을 주었다. 대학살을 겪은 후 해외의 원조를 받으며 커피 워싱스테이션이 세워지고 정부가 커피 무역에 개방적인 자세를 취하면서 고품질의 커피를 생산하기 위한 준비를 갖추기 시작했다.

[사진 4-5] 2015년 르완다 CoE Cup of Excellence

2004년 미국개발원조위원회United States agency for International Development, USAID의 지원을 받아 르완다의 첫 워싱스테이션은 세워진 후 급속도로 증가하여 현재는 300여 곳이 있다. 또한 PEARL 프로젝트24)를 통해 농업 지식의 전파와 젊은 농학자 양성에 성공

---

24) PEARL Project - Partnership to Enhance Agriculture in Rwanda Linkages

하게 된다. 후에 프로젝트명은 SPREAD[25]로 바뀌었고 부타레Butare지역에서 집중적으로 이루어지고 있다. 2007년부터 COE Cup Of Excellence 대회를 유치하여 진행하였고 세계적으로 품질을 인정받게 되었다.

> **포테이토 디펙트** Potato Defect - Potato Taste
> 커피에서 감자 향미 Potato Flavor는 굽거나 삶은 감자에서 나는 은은한 향으로 좋은 느낌을 내는 요소지만 포테이토 테이스트, 혹은 포테이토 디펙트의 경우는 생감자의 껍질을 벗길 때 나는 자극적인 냄새와 생감자의 아린 맛을 말한다.
> 부룬디와 르완다 커피에서만 나타나는 특이한 결점으로 아직 밝혀지지 않은 박테리아 성분이 독성 물질을 생성하면서 발생하는 것으로 보고 있다. 건강에는 해롭지 않으나 감염된 그린커피가 로스팅과 분쇄 과정을 거치면서 자극적인 냄새를 유발한다. 수확 후 공정이 끝나면 발견하기가 매우 어렵다.

대표 지역명	특징
남부와 서부 (Southern and Western Region)	키부호(Lake KIBU) 인근의 산간지역인 후예(Huve), 냐마가베(Nyamagabe), 냐마세케(Nyamasheke)에 밀집되어 있고 고품질 커피가 많이 재배된다. ■ 고도 : 1,700~2,200m ■ 수확 시기 : 3월~6월 ■ 품종 : Mibirizi, Jackson
동부 (Eastern Region)	고도가 다른 지역보다 낮으나 르완다 동부 최북단에 위치한 은고마(Ngoma)와 냐게이테어(Nyagayare)에서 고품질의 커피가 생산된다. ■ 고도 : 1,300~1,900m ■ 수확 시기 : 3월~6월 ■ 품종 : Mibirizi, Jackson

※ 르완다는 남부와 서부, 동부로 커피 재배 지역을 나눌 수 있나.

---

25) SPREAD - Sustaining Partnerships to enhance Rural Enterprise and Agribusiness Development

■ RWANDA COFFEE MAP

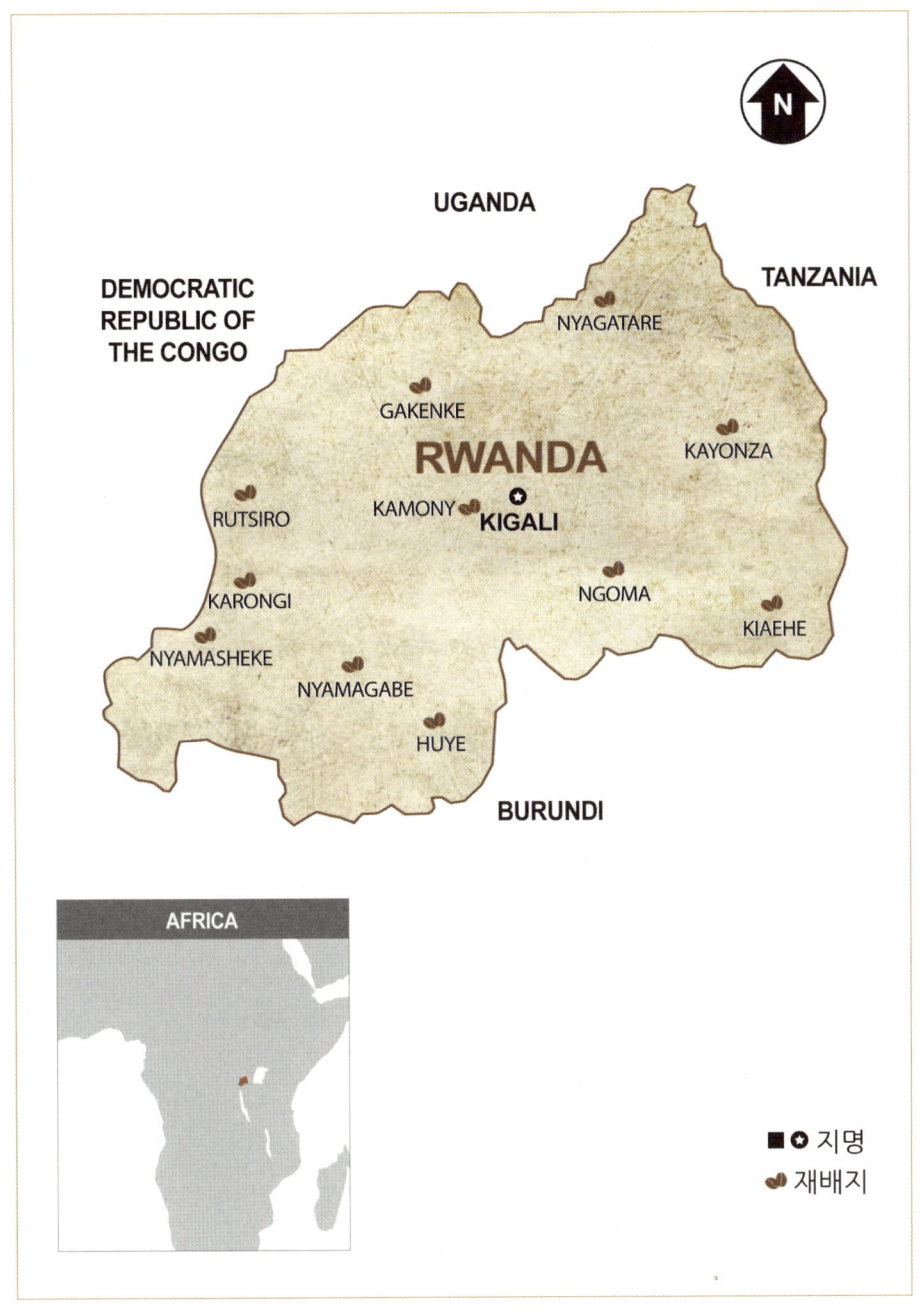

■ ● 지명
☕ 재배지

4) 부룬디 BRUNDI

부룬디는 르완다와 함께 벨기에의 식민 지배를 받는 나라였다. 1959년 르완다와 분리된 후 1962년 독립하게 되었다. 그러나 1972년 지배계층이던 투치족들은 피지배 계층이던 후투족들을 대학살하게 되며 계층간의 내전이 일어나게 되어 약 1천만 인구의 나라에서 25만 명 정도가 사망하였다. 2000년대에 들어서 평화의 초석이 마련되었으나 후투족 반군단체 Palipehutu-FNL는 협상을 거부하고 내전을 지속하다 2006년 후투족 출신의 대통령이 선출되면서 최근에야 안정이 되었다.

2011년 기준 부룬디의 일인당 국민소득은 세계에서 가장 낮으며 커피와 차 수출을 합하면 국가 전체 외화 획득액의 대부분을 차지할 정도로 부룬디의 총 인구의 90% 정도가 생계형 농업에 의존하고 있다.

벨기에의 식민 지배를 받던 시절 모든 영세농민이 적어도 50그루 이상씩 커피 재배를 하도록 강요받았으나 1990년대 들어서 다시 민간부문으로 복귀하였다.

[사진 4-6] SOGESTAL KIRIMIRO

부룬디는 대부분 영세농민이 커피를 생산하며 대형 농장은 드문 편이다. 농민들은 160여 개의 워싱스테이션 중 한 곳에 거점으로 두고 있으며 이 가운데 약 2/3는 국가의 소유로 남아 있고 나머지는 민간에서 운영하고 있다.

워싱스테이션을 관리하는 조직 SOGESTAL[26]이 구성되어 있으며 최근까지도 SOGESTAL에 소속된 워싱스테이션들이 커피를 모두 섞어 수출하여 대부분 SOGESTALR까지만 이력추적이 가능했으나 2008년부터는 스페셜티 커피에 대한 인식이 늘면서 직접적인 이력추적이 가능해졌다.

르완다가 체계적인 커피 농업으로 세계시장의 이목을 받게 되고 가격이 상승하면서 대체 커피로 르완다와 비슷한 기후와 지형, 생산품종을 가진 부룬디 북부의 커피가 관심을 받게 되었고 덕분에 부룬디의 커피 인지도도 오르게 된다.

2011년 프레스티지 컵 Prestige cup이라고 하는 커피품질 평가대회가 열렸고, 이는 COE의 전조가 되었다.

부룬디는 나라가 작아서 재배 지역이 분명하게 구분되지는 않으며 대부분의 커피농장은 워싱스테이션 인근에 밀집해 있다.

대표 지역명	특징
은고지 (NGOZI)	부룬디의 북부 지역으로 커피 생산에 가장 집중하고 있으며 전국의 워싱스테이션 중 약 25%가 밀집해 있다. ■ 고도 : 평균 1650m ■ 수확 시기 : 4월~7월 ■ 품종 : Bourbon, Jackson, Mibirizi, 일부 SL품종
카얀자 (KAYANZA)	르완다의 국경 인근에 있는 북부지역으로 워싱 스테이션이 두 번째로 많은 곳이다. ■ 고도 : 평균 1,700m ■ 수확 시기 : 4월~7월 ■ 품종 : Bourbon, Jackson, Mibirizi, 일부 SL품종

---

26) SOGESTAL - Societes de Gestion des Stations de Lavage

■ BURUNDI COFFEE MAP

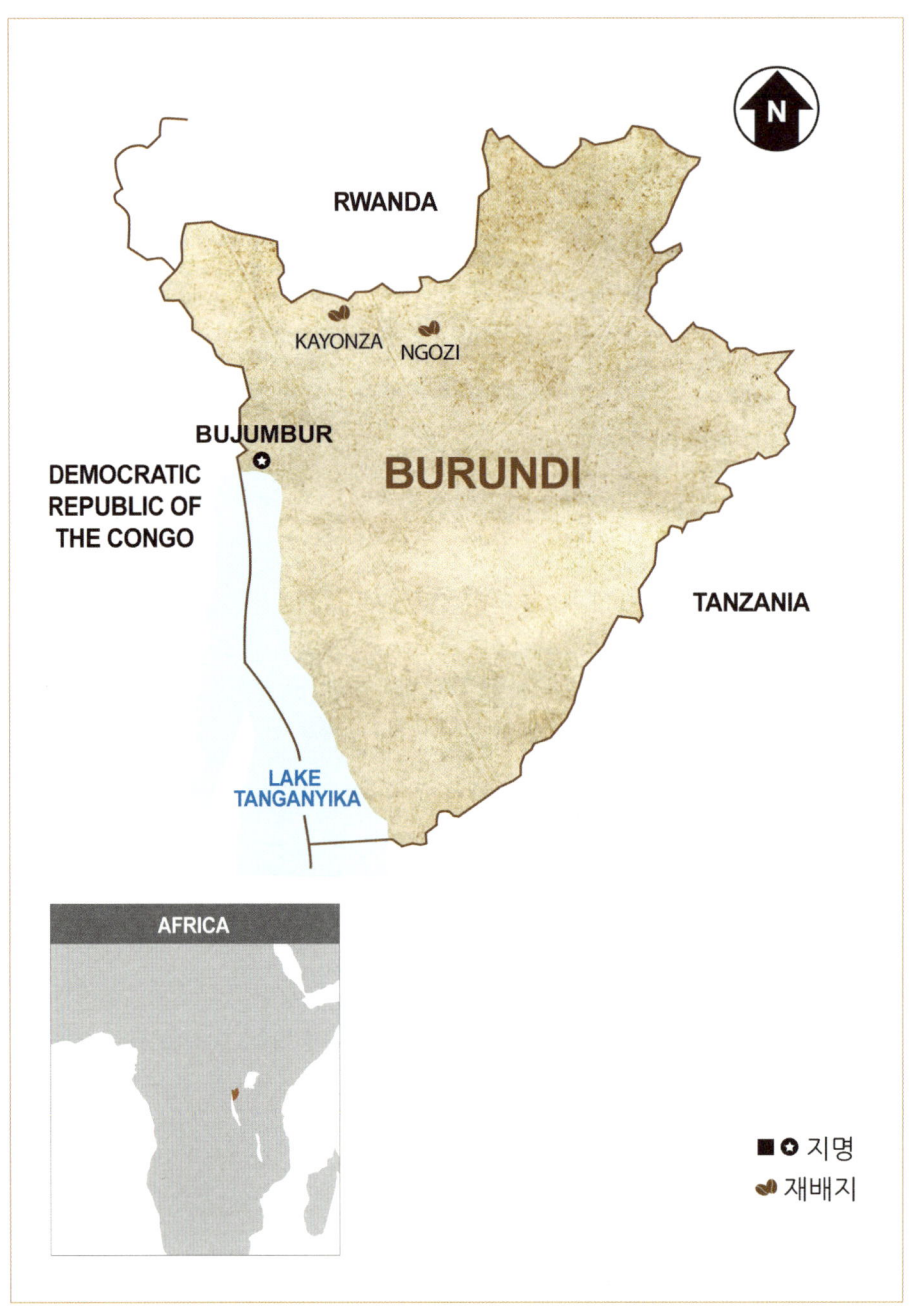

3. 아시아 · 태평양

1) 예멘YEMEN

예멘은 세계 최초로 커피가 경작된 아라비카 커피의 원산지로 모카항Port of Mocha은 유럽인들이 커피를 처음으로 수입하고 전파했던 곳이다. 예멘커피를 모카커피라 부르는 이유다. 예멘의 북부지역에서 생산되는 모카마타리는 빈센트 반 고흐가 즐겨 마셨다고 전해지며, 예멘 커피의 향미는 독특하여 지난 몇 세기 동안 높은 수요를 보여 오고 있으나 예멘 국토의 일부만 커피 농업에 적합하기 때문에 매우 적은 양의 커피만 생산되고 있다. 관개시설이 적은 높은 고도의 계단식 토지에서 재배하여 생산량이 제한적이므로 높은 판매가를 조성하고 있다.

커피의 이력추적은 매우 어렵고 제대로 선별되지 않아 미숙하거나 과숙된 체리가 수확되는 경우도 많기 때문에 자극적이고 와일드한 향미가 느껴지기도 하는 것이다.

[그림 4-2] 17세기 후반 모카항

[사진 4-7] 예멘의 계단식 토지

대표 지역명	특징
사나 (SANA'A)	예멘에서 수출되는 대부분의 커피가 이 지역의 이름을 따서 불린다. 해발 2,200m에 위치한 가장 높은 지대 중 하나이다. 예멘에서 가장 큰 커피산지이기도 하다. 마타리(Mattari)의 이름은 바니 마타르(Bani Matar) 인근 지역을 뜻하는 단어이며 이름도 여기서 파생되었다. ■ 고도 : 1,500~2,200m ■ 수확 시기 : 10월~12월 ■ 품종 : Mattari, Ismaili, Harazi 등 재래품종
라이마 (RAYMAH)	2004년 제정된 행정 도시로 예멘 커피의 생산량 중 상당 부분을 차지하고 있다. 비정부 기구들의 물 관리 프로젝트 등이 커피 생산량을 늘리는 데 일조한다. ■ 고도 : 평균 1850m ■ 수확 시기 : 10월~12월 ■ 품종 : Raymi, Dwairi 등 재래품종

■ YEMEN COFFEE MAP

2) 인도 INDIA

1670년경 순례자 바바 부단 Baba Budan은 수출이 엄격히 통제되던 예멘의 커피씨앗 일곱 개를 밀수했다. 바바 부단은 인도 카르나타카 Karnataka에 있는 치크마할루르 Chikmagalur 지역에 씨앗을 심었고 그 계기로 커피가 번성하게 되었다. 그 지역의 언덕은 그 이름을 따 바바부단기리 bababudangiri로 불리며 아직까지도 주요 커피산지로 남아 있다.

[사진 4-8] 바바부단기리

1942년 인도커피위원회 Coffee Board of India, CBI가 설립되면서 인도의 커피 생산량은 너욱 증가되었으며 1870년경 커피녹병의 확산으로 많은 어려움을 겪으며 저항성이 있는 품종에 대해 개발을 하게 된다. 인도는 평균적으로 낮은 고도와 기후의 영향으로 로부스타를 더 많이 생산하고 인도산 로부스타는 불쾌한 향미가 적어 에스프레소 블랜드용으로 인기가 많다.

인도의 대표 브랜드인 문순 말라바Monsoon Malabar는 몬수닝Monsooning이라 불리는 공정 과정을 거친 커피를 말한다. 인도는 긴 항해 시간을 거쳐 동인도회사의 선박을 통해 유럽으로 커피를 수출하였는데, 이 과정에서 그린커피는 몬순 기후의 고온다습한 해풍을 맞으며 숙성이 되어 초록색의 그린커피는 황색으로 변하고 그 맛 또한 변하게 되어 몬순말라바 특유의 향미를 갖게 되었다. 이후 예전의 몬순말라바를 재현하기 위해 몬수닝공정을 개발하였고 현재의 몬순 커피는 인위적인 몬수닝공정을 거쳐 만들어지고 있다.

[사진 4-9] 몬수닝공정을 거친 커피

대표 지역명	특징
카르나타카 (KARNATAKA) or 마이소르 (MYSORE)	카르나타카주는 인도에서 가장 많은 커피를 생산한다. 예전에는 마이소르(Mysore)로 불렸으나 1973년 지역명이 변경되었다. ■ 고도 : 평균 750m ■ 수확 시기 : 11월~2월 ■ 품종 : S795, Selection9, Kauvery
치크마할루르 (CHIKMAGALUR)	바바부단이 예멘에서 밀수한 커피씨앗을 심은 곳이자 커피의 발생지인 바바부단기리(Bababudangiri)를 둘러싸는 지역이다. 아라비카보다 로부스타를 더 많이 생산하고 있다. ■ 고도 : 700~1,200m ■ 수확 시기 : 11월~2월 ■ 품종 : S795, Selection5B, Selection9, Kauvery

■ INDIA COFFEE MAP

3) 인도네시아 INDONESIA

인도네시아는 인도 말라바르의 주지사로부터 커피 씨앗이 전파되었고 이후 16세기 네덜란드 동인도회사에 의해 커피를 상업적으로 재배하기 시작하였다. 식민 지배를 받고 있어 농부들은 직접적인 이익은 얻지 못했으나 당시 네덜란드 동인도회사에 높은 수입을 거둘 수 있게 해주었다.

인도네시아는 초기에 아라비카만 생산하였으나 18976년 커피녹병이 발발하면서 커피 녹병에 저항성이 있는 로부스타를 생산하게 되었다. 소규모 농장들은 전통적 가공 방식인 길링바사 Giling Basha를 주로 사용하며 이 방식은 워시드와 내추럴 가공의 중간 방식으로 보통 펄핑이 끝난 젖은 파치먼트를 20~30%까지 말린 후 습식탈곡 Wet Milling을 하여 파치먼트를 벗겨낸다. 그 후 하루 2~3시간씩 한 달여에 걸쳐 건조를 하는 방식이다.

이 방식의 그린커피는 수분 함량이 높아서 푸른빛을 띠며 표면이 부드러워 쉽게 손상되어 깨져 있는 경우가 많다. 길링바사 Giling Basah 가공을 거친 커피는 산미가 적고 바디와 단맛을 증가시키며 특유의 발효취와 흙 향을 가지게 된다. 이렇게 가공된 커피는 품질의 편차가 크고 호불호가 갈린다.

최근까지 그 희귀성으로 고가에 판매되고 있는 루왁커피 kopi Luwak로도 유명한데, 네덜란드의 식민 지배를 받던 시절 수확한 커피는 대부분 유럽으로 팔려나갔고 일부 빈농들이 사향고양이가 커피 열매를 먹는 것을 보고 그 배설물 안의 커피로 만들어 먹던 것이 루왁커피의 기원이다. 루왁은 인도네시아어로 사향고양이란 뜻인데, 시벳고양이 Civet Cat라고도 불려 시벳커피라고도 한다.

그러나 일부 루왁커피 생산자들이 시벳고양이를 우리에 가두고 커피체리만 먹여 키우는 비윤리적인 동물학대로 인해 동물보호단체들의 심한 반발과 함께 최악의 커피로 불리고 있다.

[사진 4-10] 루왁커피를 만들기 위해 케이지에 갇혀 있는 시벳고양이

[사진 4-11] 루왁커피

대표 지역명	특징
수마트라 (SUMATRA)	수마트라섬은 북쪽의 아체(Ache), 남쪽의 토바호수(Lake Toba), 망쿠라자(MAngkuraja) 인근의 남쪽 지역이 대표적이다. 이 지역 내에 있는 커피는 이력추적이 가능하기도 하다. 수마트라 만델링1, 2등급으로 분류되나 등급 책정이 확실하지 않아 맛을 보장해주지는 않는다. ■ 고도 : 평균 1,100~1,600m ■ 수확 시기 : 9월~12월 ■ 품종 : Typica, HdT(Hybrido de Timor)
자바 (JAVA)	대형 커피농장이 다른 지역에 비해 많다. 자바는 고가의 커피로 거래되어 왔으나 20세기 이후부터 프리미엄이 떨어지고 있다. 자바의 일부 농장은 5년 정도 숙성하여 커피를 수출하는데 그린커피는 진흙빛 갈색을 띤다. 매우 자극적인 향미를 가진 커피라 호불호가 갈린다. ■ 고도 : 900~1,800m ■ 수확 시기 : 7월~9월 ■ 품종 : Typica, HdT(Hybrido de Timor)

■ INDONESIA COFFEE MAP

4) 하와이 HAWAII

하와이는 마우나로아산4,171m, 활화산과 북부에 있는 마우나케아산4,205m, 휴화산이 구성하는 거대한 화산지역이다. 커피나무재배에 최적인 하와이 빅아일랜드 코나벨트는 마우나로아산의 경사면에 위치하고 화산재로 구성된 화산토로 이루어져 있으며 마우나로아산이 강한 바람을 막아 코나벨트 지역으로 보내준다.

[사진 4-12] 사무엘러글스 Samuel Ruggles 1795-1871

원래 코나벨트 지역은 사탕수수를 재배하였으나 경사면이 가파르기 때문에 사탕수수 재배에 어려움을 겪었고 커피나무를 재배하게 되는 이유가 되었다. 1913년 오아후섬에 최초의 커피나무를 심은 이후 1828년경 사무엘 러글스Samuel Ruggles라는 목사에 의해 브라질산 티피카가 하와이에 들어오게 되었고 1836년 카우아이Kauai에서 상업형 커피농장이 운영되기 시작했다.

[사진 4-13] 마우이 커피농장

  1850년 헨리 니콜라스 그린웰Henry Nicholas Greenwell은 많은 양의 땅을 사 소매상점을 열고 커피와 그 외 작물을 재배하기 시작하면서 주변에 가족 단위의 농장이 생겨났다. 1900년 경제 대공황으로 인해 지역사회와 농장에 큰 손해를 입었고 코나벨트의 농장주들은 사회지원단체인 쿠미KUMI를 결성하게 되었다. 티피카 품종은 1910년 코나고로 요코야마Konaigoro Yokoyama가 코나 지역에 100개의 과테말라 커피나무를 심었는데 코나 티피카Kona typika로도 불린다.

  하와이안 코나 커피는 '코나'라는 일부 지역에서만 재배되어 희소성이 높다. 뿐만 아니라 원두의 손상을 최소화하기 위해 핸드피킹으로 잘 익은 커피체리만 골라 채취하기 때문에 인건비와 생산비가 높아 가격이 비싸다.

대표 지역명	특징
코나(KONA), 빅아일랜드 (BIG ISLAND)	코나는 빅아일랜드라 불리는 하와이섬의 남서쪽 해안지역에 위치하고 있다. 코나지역을 포함한 2마일 길이의 지역을 코나 커피 벨트라고 부른다. 이 지역 내에 600개가 넘는 커피농장이 있다. ■ 고도 : 평균 210~920m ■ 수확 시기 : 9월~1월 ■ 품종 : Typica
카우아이 (KAUAI)	카우아이는 오아후섬에서 북서쪽으로 100마일 떨어진 하와이섬의 가장 북쪽에 있는 섬이다. 하와이 커피 생산량의 대다수를 차지하고 있으며, 와이알레알레산(Mt. Waialeale)을 중심으로 농장들이 있다. ■ 고도 : 30~180m ■ 수확 시기 : 9월~3월 ■ 품종 : Typica
마우이 (MAUI)	마우이는 우수한 품질과 독특한 다양성을 가지고 있어 주요 특성을 부여하기 어렵다. 할리칼라(Haleakala)와 웨스트 마우이산(West Maui Mountains)의 경사면에 있는 여러 가지 미세한 기후 사이에서 다양한 품종을 재배하기 때문이다. 마우이커피협회(Maui Coffee Association)의 다양한 노력을 통해 계속 성장하고 있으며 연례 스탠드와이드커피대회에서 우수한 성적을 거두고 있다. ■ 고도 : 평균 210~920m ■ 수확 시기 : 9월~1월 ■ 품종 : Typica, Catuai, Caturra, Bourbon, Mokka

■ HAWAII COFFEE MAP

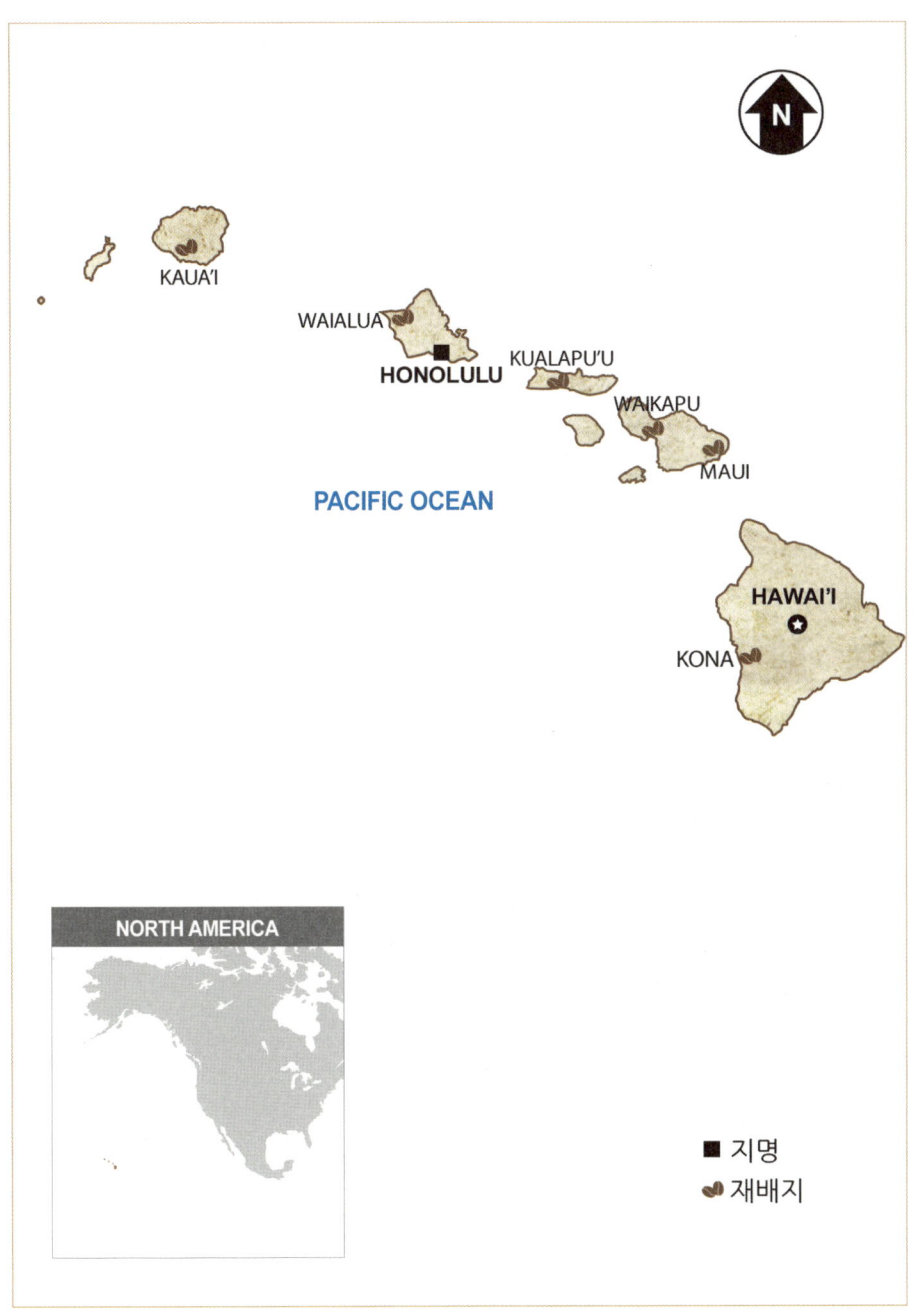

4. 중남미 · 카리브해

1) 콜롬비아 COLOMBIA

콜롬비아의 커피는 상품작물로 느리게 전파되다가 19세기 후반에서야 규모가 커지기 시작했다. 1958년 후안 발데즈Juan Valdez라는 농부 캐릭터로 콜롬비아 커피 홍보를 성공적으로 이루어냈다. 후안 발데즈와 당나귀 그림은 커피 자루와 다양한 광고에 등장하며 콜롬비아 커피의 가치를 높이고 있다. 이러한 마케팅은 콜롬비아 커피 생산자연합Federaction Nacional de Cafeteros, FNC에서 주도하고 있으며 수프리모Suprmo와 엑셀소Excelso라는 등급 용어를 만들어냈다. 수출 시에는 스크린사이즈 16 이상과 피베리만 스페셜티 등급으로 수출하고 그 외는 내수용으로 소비한다.

[사진 4-14] 후안 발데즈와 당나귀

남북으로 펼쳐진 콜롬비아에서는 표고 차가 크기 때문에 일 년 내내 커피의 수확이 가능하고 주 수확과 미타카Mitaca라고 불리는 부 수확으로 나눌 수 있다. 각지에서의 다양한 커피의 맛이 특징적이며 사는 사람들의 의상이나 얼굴 생김새도 다르다. 커피의 분류는 크기에 따라 나뉘며 품질 여부와는 상관이 없다. 대부분 농장에서 생산되는 커피는 기계로 크기를 분류하기 전에 섞기 때문에 이력추적 가능성이 떨어진다.

　FNC에서는 이외에 산지, 국제인증의 여부 등에 따라 부가가치가 있는 커피를 인정하고 있다. 커피 생산의 모든 분야를 연구하는 세계적인 연구기관인 세니카페Cenicafe가 FNC에 속해 있다. 세니카페는 콜롬비아에서만 볼 수 있는 품종들과 카스틸로Castillo 품종이 만들어진 곳이다.

[사진 4-15] 세니카페 연구소

대표 지역명	특징
나리노 (NARINO)	콜롬비아 서부에 위치하며 독립운동가인 안토니오 나리노의 이름에서 유래된 이름이다. 높은 고도와 적도에 가깝고 기후도 재배에 적합하여 복합적인 향미의 커피를 재배한다. 나리노에 있는 대다수가 영세농민이고 FNC와 밀접한 관계가 있다. ■ 고도 : 평균 1,500~2,300m ■ 수확 시기 : 4월~6월 ■ 품종 : Typica, Catura, Castillo
안티오키아 (ANTIOQUIA)	콜롬비아 북서부에 위치하고 FNC의 탄생지이며 콜롬비아 최대의 커피 산지다. 대형 농장과 영세농민의 협동조합에서 생산되고 있다. ■ 고도 : 1,300~2,200m ■ 수확 시기 : 9월~12월(주 수확), 4~5월(부 수확) ■ 품종 : Typica, Catura, Castillo
칼다스 (CALDAS)	킨디오, 리사랄다와 함께 콜롬비아 커피 재배의 중심축인 트라이앵글(Coffee Triangle)을 이루고 있다. 이곳에서 많은 커피가 재배되고 있다. 칼다스에는 FNC가 운영하는 국립커피연구센터인 세니카페가 있다. ■ 고도 : 1,500~2,300m ■ 수확 시기 : 9월~12월(주 수확), 4~5월(부 수확) ■ 품종 : Typica, Catura, Castillo
리사랄다 (RISARALDA)	콜롬비아의 유명한 산지 중 하나로 이곳의 많은 농부는 협동조합에 소속되어 있고 그 결과 윤리인증 기관으로부터 관심을 받아왔다. 1920년대 커피 재배를 위해 많은 사람이 리사랄다로 이주해왔으나 2000년대 일어난 경기침체로 인해 다른 지역이나 나라로 이주하였다. 이 지역에는 킨디오(QUINDIO)지역과 칼다스(CALDAS)지역을 연결해주는 커피 고속도로(Autopista del cafe; Coffee Highway)로 불리는 도로망이 있다. ■ 고도 : 1,300~1,650m ■ 수확 시기 : 9월~12월(주 수확), 4~5월(부 수확) ■ 품종 : Typica, Catura, Castillo

■ COLOMBIA COFFEE MAP

2) 과테말라 GUATEMALA

1800년 과테말라의 주요 수출품목 이던 인디고와 코치닐 cochineal 염료가 병충해로 인해 피해가 심각해지고 인조염료가 개발되며 더는 재배하기 어려워지자 2차 대안으로 떠오르게 된다.

1845년 설립된 커피재배진흥위원회 Commission for Coffee Cultivation and Promotion 는 생산자들을 위한 교육과 품질의 기준을 정립하였다. 1930년 대공황 이후 호르헤 우비꼬 Jorge Ubico 가 정권을 잡고 커피 수출을 촉진하기 위해 광범위한 인프라를 구축하였으나 미국 기업인 UFC United fruit Company 에 너무 많은 권한과 토지를 부여하게 된다. 1953년 아르벤스 Arbenz 대통령은 토지개혁법을 제정하여 UFC가 운영하던 토지를 몰수하고 농부들에게 토지를 나누려 하였으나 1954년 CIA가 일으킨 쿠테타로 인해 전복되었고 오늘날까지도 빈곤, 토지재분배, 기아, 인종차별에 대한 문제뿐 아니라 지속적인 내전을 겪고 있다.

[사진 4-16] 과테말라 메디나 지역 농장

과테말라는 대부분 개인 웨트밀을 소유해 직접 가공하며 단일 농장이나 협동조합 등 디테일한 이력추적이 가능하고 일부 지역은 산지 명칭을 보호받고 있다.

[사진 4-17] 과테말라 우에우에테낭고 지역 농장의 커피묘목

대표 지역명	특징
안티구아 (ANTIGUA)	산지 중 가장 유명한 곳으로 2000년부터 산지 명칭을 부여해 보호하고 있다. 확실한 이력추적이 가능하고 대부분 걸맞은 가치가 있다. ■ 고도 : 평균 1,500~1,700m ■ 수확 시기 : 1월~3월 ■ 품종 : Bourbon, Catura, Catuai
우에우에테낭고 (HUEHUETENANGO)	유명한 산지로 나와틀(Nahautl)족의 언어로 '선조들의 땅'에서 유래하였다. 중남미에서 가장 고도가 높은 비화산 지역으로 커피 재배에 매우 적합하며 좋은 품질의 커피가 재배된다. ■ 고도 : 1,500~2,000m ■ 수확 시기 : 1월~4월 ■ 품종 : Bourbon, Catura, Catuai
산 마르코스 (SAN MARCOS)	과테말라의 산지 중 가장 따뜻하고 비가 많이 내리는 지역이다. 커피 꽃의 개화 시기도 빠른 편이다. 강수는 수확 후 건조에 영향을 주어 일부 농장은 햇볕 건조와 기계 건조를 혼합한 방식에 의존하고 있다. ■ 고도 : 1,300~1,800m ■ 수확 시기 : 12월~3월 ■ 품종 : Bourbon, Catura, Catuai

■ GUATEMALA COFFEE MAP

7) 코스타리카 COSTARICA

1821년 코스타리카 정부는 스페인으로부터 독립을 선포한 후 커피 생산을 위한 여러 지원을 아끼지 않았다. 1933년 커피보호협회 Institute for the Defence of Coffee라는 단체를 설립하고 영세농민을 보호하는 역할을 했다. 이후 1948년 오피씨나 델 카페 Oficina dl Cafe가 되었다가 나중에는 이카페 Instuto del Cafe de Costarica, ICAFE로 명칭이 바뀌었고 현재 연구농장을 운영하며 코스타리카 커피를 전 세계에 알리고 있다. 이카페는 코스타리카에서 수출되는 모든 커피에 부과되는 1.5%의 세금으로 재정 지원을 받는다.

[사진 4-18] 코스타리카 ICAFE 플랜테이션

품종 보호를 위해 법적으로 로부스타의 재배를 금지하며 세계적으로 스페셜티커피가 주목받기 시작하면서 대량 재배보다는 원두 자체의 특성을 살릴 수 있는 소규모 농가가 증가했고 국가에서도 커피 재배만 집중하고 품질을 높일 수 있도록 지원하여 지역별, 농가별 특색 있는 커피를 생산할 수 있는 환경을 조성해 COE 농장주를

다수 배출해냈다. 그 결과, 생산자의 약 90%가 소형 및 중형 농장을 소유하고 있으며 개별농장 또는 특별조합까지 이력추적이 가능하다는 장점이 있다.

[사진 4-19] 코스타리카 플랜테이션에서 커피를 말리고 있다.

[사진 4-20] 코스타리카 포대 제작

대표 지역명	특징
따라주 (TARRAZU)	높은 커피 품질로 오랜 명성을 유지하고 있으며 그러나 대량 생산을 위해 여러 농장의 커피가 섞일 가능성이 높다. 코스타리카에서 가장 높은 고도에 있는 농장이 이 지역에 있다. ■ 고도 : 평균 1,200~1,9000m ■ 수확 시기 : 11월~3월 ■ 품종 : Villa Sarchi, Gesha, SL28 등
트레리오스 (TRES RIOS)	산호세 동쪽 지역으로 이라수(Irazu) 화산의 영향으로 많은 혜택을 누리고 있다. 이 지역은 최근 많은 도시개발로 인해 연간 커피생산량이 줄어들고 있다. ■ 고도 : 1,200~1,650m ■ 수확 시기 : 11월~3월 ■ 품종 : Villa Sarchi, Gesha, SL28 등
센트럴 밸리 (CENTRAL VALLEY)	코스타리카의 수도 산호세가 위치한 지역이다. 가장 인구밀도가 높으며 커피 재배 역사가 가장 오래되었다. 일반적으로 산호세, 에레디아(Heredia), 알라후엘라(Alajuela) 등의 소지역으로 나뉘어 불린다. 이라수(Irazu), 바르바(Barva), 포아스(Poas)라는 3개의 주요 화산에 둘러싸여 있다. ■ 고도 : 900~1,600m ■ 수확 시기 : 11월~3월 ■ 품종 : Villa Sarchi, Gesha, SL28 등
웨스트 밸리 (WEST VALLEY)	센트럴 밸리의 경사에 위치한 웨스트 밸리는 점점 생산량이 많아지고 있는 지역이다. 산라몬(San Ramon), 팔마레스(Palmares), 나랑호(Naranjo), 그레시아(Grecia), 사르치(Sarchi), 아테나스(Atenas) 시를 중심으로 하는 6개의 세부 지역으로 나눌 수 있으며, 이 가운데 사르치는 비야 사르치(Villa Sarchi)라는 특정 품종에서 붙여진 이름이다. 1년 내내 서늘한 온도는 물론, 건기와 우기가 명확하게 구분되어 있다는 자연적 장점이 있다. 다른 곳에 비해 부유한 지역이며, 농장지대의 75%가 삼림보호지로 지정되어 있다. ■ 고도 : 700~1,600m ■ 수확 시기 : 12월~2월 ■ 품종 : Villa Sarchi, Gesha, SL28 등

■ COSTARICA COFFEE MAP

4) 멕시코 MEXICO

1785년경부터 커피를 생산했을 것으로 추정하고 있으며 1920년 멕시코혁명 Mexico Revolution 으로 부유한 유럽인들로부터 원주민들과 노동자들에게 토지가 재분배되면서 영세농가에서 커피를 재배하기 시작했다.

1973년 멕시코 정부는 멕시코 커피연구소 Industituto Mexiano Del Cafe, INMECAFE 를 설립하고 커피 생산자들에게 기술 및 금융 지원을 하였다. 그러나 1980년대에 멕시코 정부의 과도한 채무로 인해 INMECAFE가 완전히 붕괴하고, 커피산업은 굉장한 타격을 입게 되었다. 일부 생산자들은 커피 재배를 포기하기도 하였으나 그 외의 생산자들은 이에 대응하기 위해 협동조합을 만들었고 INMECAFE가 수행하던 역할을 대신하고 있다.

[사진 4-21] 멕시코 치아파스 지역의 알투라

오늘날 멕시코는 700m 이하의 커피 수출을 금지하고 해발 1700m 이상에서 재배된 품질 좋은 커피에 알투라라는 명칭을 붙여 수출한다. 살충제나 농약을 사용하지 않는 유기농법과 그늘 경작법을 사용하며 품질향상에 노력하고 있다.

멕시코 북부지역은 커피 벨트를 벗어나기 때문에 남부지역에서만 커피가 경작되고 있다.

[사진 4-22] 멕시코 오악사카 농장의 베드에서 커피가 말려지고 있다.

대표 지역명	특징
치아파스 (CHIAPAS)	과테말라의 국경에 인접해 있고 이 지역의 시에라마드레(Sierra Madre) 산맥은 생산에 적합한 화산성 토양과 고도를 지니고 있다. 타파출라(Tapachula) 커피는 칭파스 지역에서 유기농법으로 재배하는 대표적인 커피 브랜드다. ■ 고도 : 평균 1,000~1,750m ■ 수확 시기 : 10월~12월(주 수확), 6월~8월(부 수확) ■ 품종 : Bourbon, Typica, Caturra, Maragogype
베라크루즈 (VERACRUZ)	동부 대서양 연안의 걸프 해안(Gulf of Mexico)을 따라 위치한 큰 도시이다. 코아테펙(Coatepec) 인근에는 높은 품질의 커피를 생산하는 농장이 있다. ■ 고도 : 800~1,700m ■ 수확 시기 : 12월~3월 ■ 품종 : Bourbon, Typica, Caturra, Maragogype
오악사카 (OAXACA)	멕시코 서부지역 오리자바 화산(Mt. Orizaba) 지대에 위치하고 대부분 소규모 농장으로 운영하나 대규모 협동조합도 존재한다. 대형 농장도 있으나 대부분 관광업으로 다각화되어 있다. ■ 고도 : 900~1,700m ■ 수확 시기 : 12월~3월 ■ 품종 : Bourbon, Typica, Caturra, Maragogype

■ MEXICO COFFEE MAP

5) 브라질 BRAZIL

브라질의 커피 역사는 1727년 프란시스코 드 멜로 팔피에타Francisco de Melo Palheta라는 선교사가 브라질 북부 파라Para 지역에 처음 커피를 심으면서 시작된다. 처음에는 그다지 중요하지 않은 작물로 취급되다가 리우데자네이루Rio de Janeiro와 인접해 있는 파르나이바강 인근에서 상업적으로 생산되었다. 토양이 커피 재배에 이상적일 뿐 아니라 지리적 위치상 수출이 쉬웠기 때문이다.

비슷한 시기 중미에 번성했던 소규모 커피농장들과는 달리 브라질은 노예를 부리는 대규모 플랜테이션이 발전했다. 집약적 커피 농업의 여파로 점점 토양의 영양분이 고갈되자 농장들은 그 외의 지역으로 퍼져나가기 시작했다.

1820~1830년 커피 생산이 호황을 이루고 국내에서 소비되던 커피가 세계시장으로 진출하게 되자 거대 커피농장을 운영하던 농장주들은 일명 '커피백작'Coffee Barons로 불리며 브라질 정부의 커피 농업정책과 산업의 지원 방향에도 많은 영향을 끼쳤다. 상파울루Sao Paolo 출신의 대규모 커피농장주들과 미니스제라이스Minas Gerais출신의 대규모 우유, 유제품 농장주들이 서로 돌아가며 정치적 이득을 나눠 가지는 '카페 콩 레이치'Cafe con Leite 라고 하는 정치적 분위기가 형성되고 커피 가격 안정화를 위한 보호 정책에 따라 대규모 커피농장주들은 안정적인 가격으로 판매할 수 있었다.

1930년대에 대공황으로 인한 커피 가격의 침체로 브라질 정부는 가격을 올리기 위해 창고에 비축해 둔 7천800만백의 커피를 모조리 불태웠지만, 효과는 미미했다. 2차 세계대전이 발발하며 유럽의 시장이 폐쇄되자 커피 가격은 더욱 하락하였는데 미국은 이 여파로 인해 중남미 국가들이 공산주의로 돌아서는 일을 막고자 쿼터시스템을 기반으로 한 국제협정을 체결하게 된다. 이 협정은 1962년 전 세계 42개국이 체결한 국제커피협정ICA, International Coffee Agreement의 시초가 되었다. 그러나 1989년 브라질은 쿼터감소에 대한 불만으로 협정깨기를 하고 그 후로 5년간 커피 가격이 폭락하여 심각한 손해를 입었고 이는 커피 생산에 대한 공정무역운동Fair Trade Movement가 일어나는 계기를 마련하였다.

브라질 커피에 대한 이력추적은 고품질일 경우 특정 농장Fazeda까지 가능하나 단순히 산토스Santos등으로 표기된 경우 산토스항에서 운송된 커피라는 뜻에 불과해 산지와는 무관한 경우가 많다. 또한 생산 규모가 워낙 커 이력추적이 된다고 하여도 고품질의 커피일 확률은 낮은 편이다.

[사진 4-23] 브라질 기계 수확

대표 지역명	특징
미나스제라이스 (MINASGERAIS)	브라질 남동부에 있는 미나스제라이스는 높은 산들이 자리 잡고 있다. 낮은 산지와 평원 등으로 이루어진 고원지대를 바탕으로 대규모 커피 재배가 가능해 브라질 커피의 절반 이상을 생산하고 있다. 세하도(Cerrado), 술 데 미나스(Sul de Minas), 샤파다 데 미나스(Chapada de Minas) 등이 있다. ■ 고도 : 850~1,200m ■ 수확 시기 : 5월~9월 ■ 품종 : Yellow Bourbon, Bourbon, Mundo novo, Cattura, Typica, Conillon(로부스타)
세하도 (CERRADO)	세하도는 열대 대초원을 의미하는 말로 업계에서는 미나스제라이스 서쪽에 있는 지역을 뜻한다. 커피생산은 다른 지역보다 늦게 시작되었으나 상업화된 대형 농장이 주를 이루고 있다. ■ 고도 : 850~1,200m ■ 수확 시기 : 5월~9월 ■ 품종 : Yellow Bourbon, Bourbon, Mundo novo, Cattura, Typica, Conillon(로부스타)
술데미나스 (SUL DE MINAS)	오래전부터 대규모의 커피 생산이 이루어지고 있으며 영세농부가 몇 대를 이어 커피 재배를 하는 곳이 많고 협동조합이 잘 발달되어 있다. 영세농장의 수도 많고 산업화가 잘되어 있다. ■ 고도 : 700~1,350m ■ 수확 시기 : 5월~9월 ■ 품종 : Yellow Bourbon, Bourbon, Mundo novo, Cattura, Typica, Conillon(로부스타)
바이아 (BAHIA)	브라질 동부의 큰 주로 커피 생산지로는 가장 최북단이 위치해 있다. 2009년도 CoE에서 10위 안에 든 커피 중 5개가 바이아 주에서 나와 큰 주목을 받았다. 샤파다 디아만티나(Chapada Diamantina), 세하도바이아(Cerrado de Bahia), 플라날토 데 바이아(Planalto de Bahia) 지역 등이 있다. ■ 고도 : 850~1,200m ■ 수확 시기 : 5월~9월 ■ 품종 : Yellow Bourbon, Bourbon, Mundo novo, Cattura, Typica, Conillon(로부스타)

샤파다 디아만티나 (CHAPADA DIAMANTINA)	국립공원으로 알려진 지역으로 이 지역의 가파른 절벽(Chapada)과 19세기 이곳에서 발견된 다이아몬드를 합쳐 이름이 만들어졌다. 이 지역의 많은 농장들이 생체역학적 방식(Biodynamical)[26]으로 커피를 생산하고 있다. ■ 고도 : 1,000~1,200m ■ 수확 시기 : 5월~9월 ■ 품종 : Yellow Bourbon, Bourbon, Mundo novo, Cattura, Typica, Conillon(로부스타)
세하도 데 바이아(CERRADO DE BAHIA or WEST BAHIA)	커피의 대량생산에 적합하도록 산업화되고 관개시설이 잘 갖춰져 있다. 안정적인 기후 덕에 생산량이 높다. ■ 고도 : 700~1,000m ■ 수확 시기 : 5월~9월 ■ 품종 : Yellow Bourbon, Bourbon, Mundo novo, Cattura, Typica, Conillon(로부스타)
상파울로 (SAO PAOLO)	상파울로 주는 브라질에서 가장 잘 알려진 모지아나(Mogiana)를 포함하고 있다. 1883년 커피철도를 건설하여 지역 교통을 개선한 모지아나철도회사(Mogiana Railroad Company)의 이름에서 유래했다. ■ 고도 : 800~1,200m ■ 수확 시기 : 5월~9월 ■ 품종 : Yellow Bourbon, Bourbon, Mundo novo, Cattura, Typica, Conillon(로부스타)

27) 루돌프 슈타이너(Rudolph Steiner)가 개발한 유기농 생산 방식

- BRAZIL COFFEE MAP

6) 엘살바도르 El Salvador

엘살바도르는 무기질이 풍부한 화산지형과 배수가 잘되는 토양, 큰 일교차로 국토의 80% 이상 커피 재배에 최적화되어 있는 나라이다.

19세기 중반 화학 염료의 발달로 천연염료인 인디고 Indigo의 생산량이 줄게 되면서 커피 생산량의 증가로 이어졌다. 당시 인디고 재배에 사용되던 토지들은 중소 지주층이 소유하고 있었는데 커피농장이 활성화되면서 지주들은 커피 재배에 필요한 토지를 더 늘리고자 가난한 사람들을 토지에서 쫓아내고 커피농장으로 흡수시켰다. 후에 생산자들에게 세금감면 혜택이 주어지면서 커피는 더욱 각광받는 상품이 되었고 내전이 발발하기 전까지 높은 성장세를 보였다. 내전이 오랫동안 지속되며 커피 산업은 쇠퇴하고 20세기 들어서 경제 대공황기에 집권한 마르테니스 군사 독재정권 기간에는 3만 명에 달하는 국민이 정부로부터 학살당했다.

정부 차원의 교육이나 투자가 이루어지지 않아 지역이나 농장에 따라 퀄리티 차이

[사진 4-24] 엘살바도르 커피 플랜테이션

가 심했으나 1922년 내전이 종료되고 커피 생산을 활성화하기 위해 'CAFEⅢLATINO[28] 협정을 맺게 된다.

현재는 인프라가 잘 갖춰져 있으며 국가가 작아 지역명으로 따로 분류하지는 않으나 고품질 커피의 이력을 찾기 수월하고 많은 농장들이 마이크로랏 커피Micro Lot Coffee를 생산한다.

대표 지역명	특징
아파네카-일라마테펙 산맥 (APANECA-ILAMATEPEC MOUNTAIN RANGE)	산타아나 화산(SantaAna Volcano) 지역으로 2005년 폭발하여 몇 년 동안 커피 생산에 큰 영향을 미쳤다. 그러나 훌륭한 커피 품질과 생산량을 자랑한다. ■ 고도 : 평균 500~2,300m ■ 수확 시기 : 10월~3월 ■ 품종 : Bourbon, Pacas
알로테펙-메타판 산맥 (ALOTEPEC-METAPAN MOUNTAIN RANGE)	엘살바도르 지역 내에서 가장 강수량이 높다. 온두라스와 과테말라 국경에 위치해 있다. ■ 고도 : 1,000~2,200m ■ 수확 시기 : 10월~3월 ■ 품종 : Bourbon, Pacas, Pacamara
엘발사모-케잘테펙 산맥 (EL BALSAMO - QUEZALTEPEC MOUNTAIN RANGE)	케잘테펙 화산(Quzaltepec Volcano) 부근 고지대에 위치하고 케찰코아틀 문명(Quetzalcoatl Civilazation)[28]의 본거지이다. ■ 고도 : 900~1,700m ■ 수확 시기 : 12월~3월 ■ 품종 : Bourbon, Typica, Caturra, Maragogype

---

28) CAFEⅢLATINO - 중미 지역 커피 생산자와 구매자 및 가공업자 간의 안정적인 관계 협정
29) 케찰코아틀(Quetzalcoatl)이라고 하는 털 달린 뱀의 형상을 한 신을 숭배하던 문명으로 스페인 정복 이후 사라졌다. 오늘날 엘살바도르 문화의 상징이 되고 있다.

치콘테펙 화산 (CHICHONTEPEC VOLCANO)	엘살바도르 중심에 위치해 있고 가장 늦게 커피 생산을 시작하였다. 매우 비옥한 화산토로 지금은 가장 많은 커피농장을 보유하고 있다. 오렌지나무로 셰이드트리를 이용한 재배를 쉽게 볼 수 있다. - 고도 : 500~1,000m - 수확 시기 : 10월~2월 - 품종 : Bourbon, Pacas
테페카 – 치나메카 산맥 (TEPECA – CHINAMECA MOUNTAIN RANGE)	치나메카 화산(Chinameca Volcano) 부근 지역으로 엘살바도르에서 세 번째로 큰 커피 생산지이다. - 고도 : 500~2,150m - 수확 시기 : 10월~3월 - 품종 : Bourbon, Pacas, Etc

■ EL SALVADOR COFFEE MAP

7) 온두라스 HONDURAS

온두라스는 다른 중남미 국가들에 비해 뒤늦게 성장하여 2001년부터 급격히 성장하였다. 1970년 온두라스의 국가 커피 기관인 IHCAFE Instituto Hondureno del Cafe가 설립되었고 커피의 품질 향상을 위해 6개의 지역을 지정하여 커피 테이스팅 랩을 마련하고 각 지역의 커피 생산자들을 지원하고 있다. 국가 전역의 약 11만 가구가 커피 생산직에 종사하고 2011년 코스타리카와 과테말라의 생산량을 합친 것보다 많은 양을 생산했다.

[사진 4-25] IHCAFE

온두라스의 토지는 커피 생산에 적합하지만 강수량이 많아 커피의 건조가 매우 어려운 편으로 기계 건조와 햇볕 건조를 병행하고 있다. 이로 인해 색이 바래는 그린커피가 발생하고 이를 해결하기 위해 다양한 작업이 진행되고 있다. 상당수의 커피가 푸에르토코르테스 Puerto Cortez 인근의 창고에 보관되는데 더운 기후로 품질이 저하 되는 경우가 있다. 특정 농장이나 협동조합까지 이력을 추적할 수 있다.

2012년~13년에는 커피잎녹병CLR으로 인해 상당한 피해를 입어 국가 비상사태가 선포되기도 했으며 최근까지도 이 문제로 상당한 어려움에 처해 있다.

[사진 4-26] 커피잎녹병CLR으로 인해 피해를 입은 온두라스 농장

대표 지역명	특징
산타바바라 (SANTA BABARA)	IHCAFE에서 지정한 커피산지는 아니지만 재배 지역 이름으로 많이 사용 중이다. 이 지역 안에서 재배되는 파카스 품종의 커피는 개성 있고 강렬한 과일의 향미를 가진다. 온두라스 행정구역으로 지정되어 있지 않다.
코판 (COPAN)	온두라스 서부에 위치한 지역으로 마야유적으로 유명한 코판시에서 그 이름이 유래되었다. 과테말라국경에 인접해 있으며 산타바바라의 북부 지역도 코판에 포함되어 있다. ■ 고도 : 1,000~1,500m ■ 수확 시기 : 11월~3월 ■ 품종 : Bourbon, Caturra, Catuai
엘 파라이소 (EL PARAISO)	니카라과의 국경에 인접한 동부지역으로 가장 크고 오래된 커피산지 중 하나이다. 최근 커피녹병으로 인해 많은 어려움이 있다. ■ 고도 : 1,000~1,400m ■ 수확 시기 : 12월~3월 ■ 품종 : Catuai, Caturra
몬테실로 (MONTECILLOS)	국가에서 보호하고 있는 지역인 마르깔라(Marcala)와 라파스(La Paz) 지역이 포함되어 있는 산지이다. ■ 고도 : 1,200~1,600m ■ 수확 시기 : 12월~4월 ■ 품종 : Bourbon, Caturra, Catuai, Pacas

■ EL SALVADOR COFFEE MAP

8) 니카라과 NICARAGUA

니카라과는 1850년대부터 대규모 커피 재배가 시작되었다. 소모사정권 Somaza Family이 산디니스타 Sandinistas에 의해 전복되고 1979년 공산주의가 확산되자 커피산업에도 많은 영향을 미쳤다. 커피호황기 Coffee Boom라 부르는 1940년까지 커피는 니카라과의 주요 수출작물이 되었고 정부는 외국 기업들의 커피산업 투자와 유치를 위해 노력했다.

새 정권이 들어서면서 이를 대항하는 콘트라 반군 Contras이 미국 CIA의 지원을 받아 조직되어 반군활동의 공격 대상으로 커피산업을 지목하고 커피가공소를 파괴하고 인부를 실어 나르는 차량을 습격하기도 하였다. 이러한 방해에도 니카라과의 대표적 수출품으로 자리를 잡았으나 1999년과 2003년 사이 커피 가격이 폭락해 또 한 번 심각한 피해를 입는다. 국내 커피산업과 밀접한 연관이 있던 대형은행 3곳이 파

[사진 4-27] 허리케인 미치로 인해 피해를 입은 니카라과[29]

30) 허리케인 미치는 중서부지역에서 2번째로 치명적인 대서양 허리케인으로 중미 지역에서 11,000명이 넘는 사망자를 일으켰으며 폭풍으로 인한 홍수로 온두라스에서만 7,000명이 넘는 사망자가 발생했다. 이 영향으로 인해 250만 명이 집과 생계를 잃었다. 총 피해액은 약 60억 달러로 추정된다.

산하고 1998년에 발생한 허리케인 미치Hurricane Mitch와 심각한 가뭄도 영향을 미쳤다.

현재는 커피산업이 안정권으로 올라오고 더 많은 농부가 품질에 초점을 맞춰 커피를 생산하려 노력하고 있다. 과거 니카라과의 커피 이력추적은 매우 어려웠으나 지금은 단일 농장이나 집단, 조합수준까지 이력을 추적할 수 있다.

[사진 4-28] 니카라과 마타갈파 지역의 농장

대표 지역명	특징
히노테가 (JINOTEGA)	지역명이자 수도의 이름이다. 히노뗀까뜰(Xinotencatl)이라는 나와틀어에서 파생되었고 노인의 도시 혹은 jinocuabos(나무의 일종)의 이웃들로 해석한다. 이곳의 지역경제는 커피를 기반으로 하며 니카라과의 주요 산지이다. ■ 고도 : 1,100~1,700m ■ 수확 시기 : 12월~3월 ■ 품종 : Caturra, Bourbon
마타갈파 (MATAGALPA)	커피 박물관이 있는 이 지역의 수도에서 이름이 유래했다. 대형 농장과 협동조합에서 생산되고 있다. ■ 고도 : 1,000~1,400m ■ 수확 시기 : 12월~2월 ■ 품종 : Caturra, Bourbon
누베아 세고비아 (NUEVA SEGOVIA)	니카라과 북쪽 국경 근처에 위치하고 최근 몇 년간 니카라과 최고의 커피를 생산했다. COE에서 여러 번 우승을 차지하면서 유명해졌다. ■ 고도 : 1,100~1,650m ■ 수확 시기 : 12월~3월 ■ 품종 : Caturra, Catuai

■ NICARAGUA COFFEE MAP

9) 파나마 PANAMA

파나마는 고품질의 커피가 생산되기도 하지만 상대적으로 높은 가격에 판매되고 있다. 파나마는 해외에서 부동산 구매를 하는 경우가 많은데 커피를 생산하던 농장들이 외국인에게 매각되어 주거공간으로 바뀌는 경우가 많고 노동법의 기준이 까다로워 인부들이 다른 지역에 비해 임금을 많이 받기 때문이다.

파나마 커피를 이야기할 때 항상 언급되는 피터슨가 Peterson Family가 소유한 아시엔다 라 에스메랄다 농장이 있다.

파나마 커피의 가격이 낮을 당시 파나마스페셜티커피협회 Special Coffee Association of Panama, SCAP는 베스트 오브 파나마 Best of Panama라는 대회를 개최했고 이 대회는 파나마 내의 농장에서 온 고품질 커피의 순위를 정하고 이를 온라인 경매에 내 놓았다. 아시엔다 라 에스메랄다는 게이샤 Gesha라는 독특한

[그림 4-3]
아시엔다 라 에스메랄다 농장 마크

품종을 출품하여 2004년부터 2007년까지 4년 연속으로 우승했으며, 2009년과 2010년, 2013년에도 우승을 차지했다. 대회가 처음 개최되었던 2004년에는 파운드당 21달러였으나 2010년에 파운드당 170달러로 기록을 경신하고 2013년 내추럴 가공을 거친 소량의 커피가 파운드당 350.25달러에 판매되면서 가장 비싼 커피농장으로 자리매김하였다. 이후 게이샤 재배를 시작한 농장의 수가 급증했으며 많은 농장들에게 높은 수익을 올려줄 것이라는 기대를 주고 있다.

파나마 커피는 정밀한 이력추적이 가능하고 한 농장에서 수확 후 다른 가공을 거치거나 특정한 품종의 커피를 찾기도 수월하다.

[사진 4-29] 아시엔다 라 에스메랄다 농장 게이샤

대표 지역명	특징
보케테 (BOQUETE)	파나마의 커피 산지 중 가장 유명한 지역이다. 산이 많아 다양하고 독특한 기후가 형성되어 있다. 서늘한 기후와 잦은 안개로 커피체리가 늦게 익어 이러한 조건이 높은 고도에 있는 것과 유사한 환경을 조성한다. ■ 고도 : 400～1,900m ■ 수확 시기 : 12월～3월 ■ 품종 : Typica, Caturra, Catuai, Bourbon, Gesha
볼칸-칸델라 (VOLCAN-CANDELA)	코스타리카 국경에 인접한 지역으로 뛰어난 품질의 커피가 생산된다. 지역명은 볼칸바루(Volcanbaru) 화산과 피에르다 칸델라(Pierda Candela) 시에서 유래하였다. ■ 고도 : 1,200～1,600m ■ 수확 시기 : 12월～3월 ■ 품종 : Typica, Caturra, Catuai, Bourbon, Gesha
레나씨미엔토 (RENACIMIENTO)	치리키(Chiriqui) 주 안에 있는 지역으로 코스타리카 국경에 인접해 있다. 면적이 작아 생산량이 적다. ■ 고도 : 1,100～1,500m ■ 수확 시기 : 12월～3월 ■ 품종 : Typica, Caturra, Catuai, Bourbon, Gesha

■ PANAMA COFFEE MAP

ROAST MASTER

Chapter 2

로스팅과 향미평가

Ⅰ 커피 플레이버 휠과 표현
Ⅱ 로스팅을 통한 그린커피의 변화
Ⅲ 커핑의 이해 및 실습
Ⅳ 결점두 종류와 핸드픽 실습

I 커피 플레이버 휠과 표현

　그린커피의 품질과 특성에 대한 평가는 그린커피의 정보 습득과 관능 평가로 나뉜다. 재배 지역과 가공 방식, 재배 고도에 대한 이해뿐만 아니라 커피가 가지고 있는 향미 특성을 알아야 그 커피에 맞는 로스팅을 결정할 수 있기 때문이다.
　커핑은 그린커피를 샘플 로스팅하여 그 품질을 평가하기 위해 만들어졌으며 로스팅을 하고 난 후 일정한 품질 유지를 위하여 같은 품질이 유지되고 있는지를 확인하기 위한 방법으로 사용되므로, 로스팅에 있어서 커핑 능력은 필수로 요구되는 능력이다. 이번 단원에서는 커핑 방법을 알아보고 커핑에 대한 이해를 높이도록 한다.

[사진 1-1] 플레이버 휠의 다양한 향미 표현들

1. 플레이버 휠의 이해

사람에 따라 먹거나 마실 때 느끼는 맛의 차이가 존재한다. 커핑도 마찬가지로 같은 커피를 마시더라도 개인차가 있기 마련이다. 그러나 커핑은 개인의 주관적인 경험에서 나오는 코멘트는 의미가 명확히 전달되지 않을 수 있기 때문에 보다 객관적인 테이스팅 코멘트가 필요하다.

1955년 테드 링글Ted Lingle에 의해 처음 만들어진 플레이버 휠은 20년이 넘는 지금까지도 활발히 쓰이고 있다. 2016년 SCAA[1]는 새로운 플레이버 휠을 개발하였고 기존의 플레이버 휠에서 잘못된 배열과 현장에서 언급되지 않는 용어를 수정하고 자주 사용하는 용어를 제시하여 누구나 이해할 수 있는 명확한 표현으로 향미를 설명하는 데 중점을 두었다. 각 향미 요소를 카테고리별로 분류하는 것에 집중했으며, 같은 해 발간한 '센서리 렉시콘[2]' 연구 결과를 기반으로 비슷한 특징과 개연성을 가진 용어군을 같은 계열의 색으로 표시했다. 드라이 디스틸레이션Dry distillation계열로 분류되었던 '블랙커런트'를 없앤 것을 대표적인 예로 들 수 있다.[3]

[사진 1-2] 코스타리카 농장에서 커핑 준비를 하고 있다.

1) 미국스페셜티커피협회(Specialty Coffee Association of America, SCAA). 현재는 스페셜티커피협회(Specialty Coffee Association, SCA)로 바뀌었다.
2) World coffee research에서 발간한 어휘사전 개념의 분류표
3) 아이비라인 출판팀, "커핑 노하우", 아이비라인, p.153.

[그림 1-1] SCAA 플레이버 휠

플레이버 휠은 직관적인 표현을 위해 색상으로 코드를 나누고 있다. 식물과 관련한 용어는 그린, 꽃을 표현하는 단어들은 핑크, 향신료나 과일류는 레드 등으로 표현한다. 해당 용어의 뜻과 구성을 이해하면 더욱 다채로운 향미 표현을 할 수 있다.

2. 플레이버 휠의 향미 표현과 용어 설명

1) 플로랄 Floral

대부분 커피에서 꽃향기를 표현할 때 해당 영역에서 찾을 수 있다. 홍차 역시 좋은 향기에 대한 표현으로서 같은 범주에 들어가 있다.

FLORAL			
Floral	Black tea		홍차
		Chamomile	카모마일
		Rose	장미
		Jasmin	재스민

2) 프루트 Fruit

과일 같은 상큼하고 달콤한 맛과 향을 느끼는 경우에 표현한다. 베리류나 말린 과일의 단맛, 감귤류의 새콤함 같은 표현을 이 영역에서 표현할 수 있다.

	FRUIT	
Berry	Blackberry	블랙베리
	Raspberry	라즈베리
	Blueberry	블루베리
	Strawberry	딸기
Dried Fruit	Raisin	건포도
	Prune	자두
Other Fruit	Coconut	코코넛
	Cherry	체리
	Pomegranate	석류
	Pineapple	파인애플
	Grape	포도
	Apple	사과
	Peach	복숭아
	Pear	배

Citrus Fruit	Grapefruit	자몽
	Orange	오렌지
	Lemon	레몬
	Lime	라임

3) 사워/퍼멘티드 Sour/Fermented

적당하고 밝은 신맛은 좋은 맛이지만, 과하거나 무거운 느낌이라면 좋지 않은 신맛으로 표현할 수 있다.

SOUR/FERMENTED		
Sour	Sour aromatics	신향료
	Acetic acid	초산
	Butyric acid	부티르산
	Isovaleric acid	이소길초산
	Citric acid	구연산
	Malic acid	사과산
Alcohol/Fermented	Winey	와인
	Whiskey	위스키
Alcohol/Fermented	Fermented	발효된
	Overripe	과도하게 익은

4) 그린/베저테이티브 Green/Vegetative

신선한 채소, 허브, 풀, 풋내 등을 표현하는 영역으로 덜 익은 듯한 느낌이나 건초 등은 해당 영역에서 표현이 가능하다.

GREEN/VEGETATIVE			
	Olive oil		올리브오일
	Raw		날것의
Green/Vegetative		Under-ripe	덜 익은
		Peapod	완두 콩깍지
		Fresh	신선한
		Dark green	암녹색
Green/Vegetative		Vegetative	식물
		Hay-like	건초
		Herb-like	허브
	Beany		생기 있는

5) 기타 Other

종이나 곰팡이, 먼지, 소독약, 석유 등 나쁜 맛과 향에 관한 영역이다. 그린커피가 세균 또는 곰팡이에 감염되거나 건조나 보관 과정에서 잘못되었을 때 나타나는 향이나 맛으로, 해당 영역에서 표현할 수 있다.

	OTHER	
Papery/Musty	Stale	오래된
	Cardboard	판지
	Papery	종이
	Woody	나무
Papery/Musty	Moldy/Damp	곰팡이/눅눅한
	Musty/Dusty	퀴퀴한/먼지
	Musty/Earthy	퀴퀴한/흙
	Animalic	짐승
	Meaty Brothy	고기스프
	Phenolic	페놀

	Bitter	쓴
Chemical	Salty	짠
	Medicinal	약초
	Petroleum	석유
	Skunky	상한/쉰
	Rubber	고무

6) 로스티드 Roasted

커피를 로스팅하게 되면 물리적, 화학적 반응으로 해당 영역의 맛과 향이 발현한다. 여기서의 '담배'는 실제의 담배 연기나 퀴퀴한 냄새가 아닌 특유의 향으로 이해해야 한다.

ROASTED			
Pipe tobacco			파이프 담배
Tobacco			담배
Burnt		Acrid	매캐한
		Ashy	재
		Smoky	스모키한
		Brown, Roast	갈색으로 볶은
Cereal		Grain	곡물
		Malt	맥아/엿기름

7) 스파이시스 Spices

로스팅된 커피에서 독특한 향신료의 향이 나타나는 경우에 사용할 수 있다. 특히 아니스, 넛맥 등은 그 특성상 독특한 동양적인 표현으로도 쓰이며 적당한 향신료 향은 이국적이고 개성이 있으므로 긍정적이라 할 수 있다.

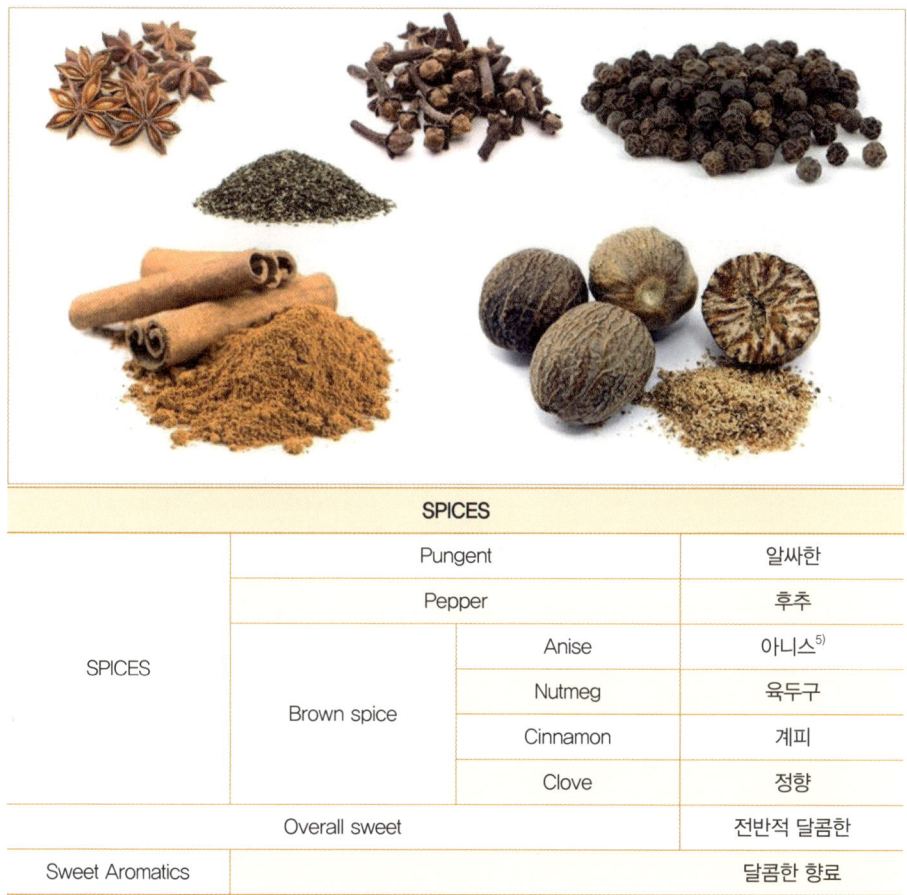

SPICES			
SPICES	Pungent		알싸한
	Pepper		후추
	Brown spice	Anise	아니스[5]
		Nutmeg	육두구
		Cinnamon	계피
		Clove	정향
	Overall sweet		전반적 달콤한
Sweet Aromatics			달콤한 향료

4) 향신료로 쓰이는 미나리과 식물

8) 너티/코코아 Nutty/Cocoa

고소한 견과류와 달콤하고 쌉싸래한 초콜릿 향과 맛을 표현할 때 쓰인다.

NUTTY/COCOA		
Nutty	Peanuts	땅콩
	Hazelnuts	헤이즐넛
	Almond	아몬드
Cocoa	Chocolate	초콜릿
	Dark Chocolate	다크 초콜릿

9) 스위트 Sweet

당밀, 메이플 시럽, 꿀 등의 단맛은 바닐라 및 달콤한 향료의 향을 표현할 때 쓰이는 영역이다.

	SWEET	
Brown Sugar	Molasses	당밀
	Maple syrup	메이플시럽
	Caramelized	캐러멜향
	Honey	꿀
Vanilla		바닐라
Vanillin		바닐린
Overall sweet		전반적 달콤한
Sweet Aromatics		달콤한 향료

3. 맛의 표현

1) 후각 Nose

[사진 1-3] 커핑 중 아로마를 맡고 있다.

커핑 또는 테이스팅을 할 때 슬러핑을 하거나 냄새를 맡게 되면 향은 비강으로 들어가 후각 기관과 접촉하게 되면서 커피에 대한 향기의 구성과 그에 따른 강도를 표현할 수 있게 된다. 커피는 원두가 분쇄되었을 때, 물과 접촉하였을 때, 입에 머금었을 때 향을 느낄 수 있고, 마시고 난 후의 뒷맛에서도 향을 느낄 수 있다.

[표 1-1] 향기의 구성과 강도

향기의 구성	향기의 강도
Dry aroma, Fragrance 분쇄된 커피 향	Rich(Full & strong) 풍부하면서 강한 향
Cup aroma, Aroma 추출된 커피 향	Full(Full & not strong) 풍부하지만 강도가 약한 향기
Nose 마시면서 느끼는 향	Rounded(Not full & strong) 풍부하지도 않고 강하지도 않은 향기
Aftertaste 마시고 난 후에 느끼는 향	Flat(Absence of any bouquet) 향기가 없을 때
Bouquet 커피의 향기를 총칭해서 부르는 말	

향은 코의 직선로를 통해 전달되거나 Fragrance 혹은 구개를 비강으로 연결하는 비후경로 Nose, Aftertaste로 전달될 수 있다. 커피의 맛은 입 뒤로 코와 연결된 작은 통로를 통해 냄새 물질이 휘발하여 나는 것으로 향기물질이 이곳을 통과하려면 휘발성이 있어야 하고 그에 따른 결합 수용체가 있어야 한다[5]. 또한, 향이 강하게 나는지 약하게 나는지에 대한 표현도 가능한데 이것은 향기물질의 함량보다는 역치閾値, Threshold[6]에 따라 다르게 반응한다.

---

5) Roast Magazine 편집부, "The Book of Roast", (주)기센코리아, p.312.
6) 생물체가 자극에 대한 반응을 일으키는 데 필요한 최소한의 자극 농도

[도표 1-1] 향기물질의 작용기별 역치의 범위[7]

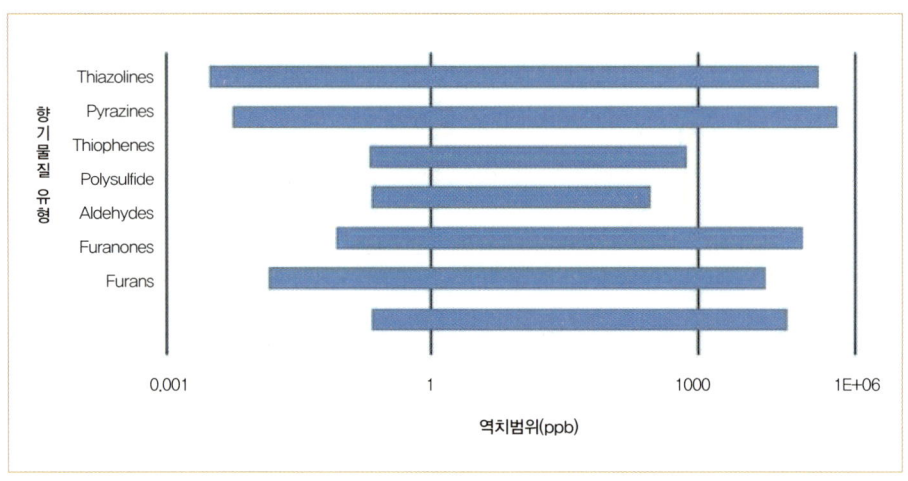

[그림 1-2] 냄새 분자가 코로 전달되는 경로

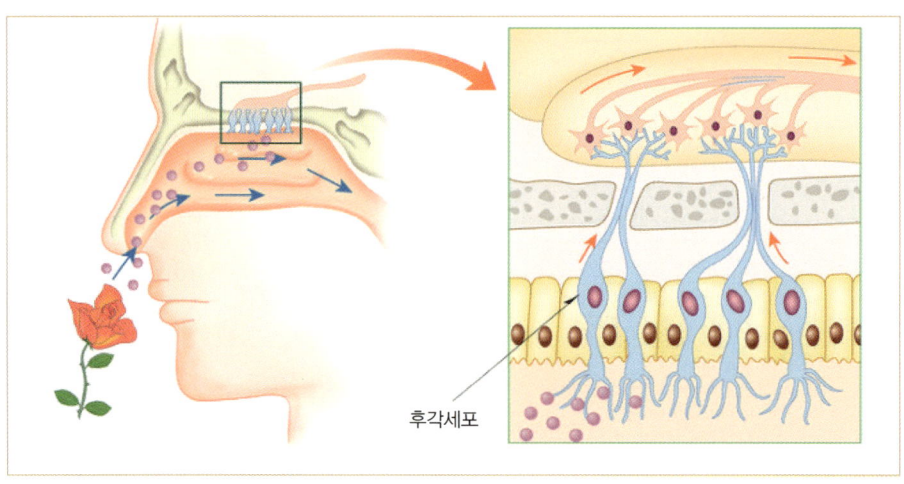

7) 최낙언, "과학으로 풀어본 커피향의 비밀", 서울꼬뮨, p.31.

2) 미각Tastes

미각은 혀를 덮고 있는 점막에 있는 수용체가 가용성 화합물의 자극을 인식하여 맛을 느끼는 것이며 커피 추출 과정에서 나온 가용성 성분을 관능적으로 평가한다. 일반적으로 혀는 단맛, 짠맛, 신맛, 쓴맛 네 가지 기본 맛을 구별할 수 있으나 커피에서는 신맛, 단맛, 쓴맛 등으로 분류한다.

[그림 1-3] 혀의 맛 감각 분포도

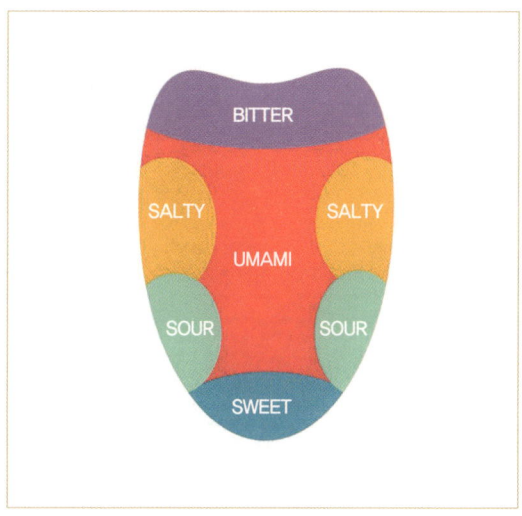

단맛Sweetness은 커피에서 가장 긍정적인 평가를 받는 맛으로 당, 알코올, 라이콜lycol과 일부 산 용액의 특징적인 맛이며, 탄수화물[8]이나 단백질[9]에 의해 형성된다. 커피를 맛볼 때는 단맛의 유무를 판단하는 것이 중요하다. 이는 커피 테이스팅에서 가장 중요한 '밸런스가 좋은지' 여부를 결정짓기 때문이다. 단맛이 없으면 신맛이나

---

[8] 생두의 60%를 차지하는 성분으로서 주로 당 성분으로 이루어져 있다. 로스팅 시 포도당, 과당, 자당과 같은 당류가 열에 의해 반응해 단맛을 드러낸다.
[9] 단백질은 분자의 크기가 커서 그 자체로는 맛이 느껴지지 않지만, 열을 받아 분해되면 단맛이 느껴진다.

쓴맛이 도드라지고 부정적으로 느껴지며, 반대로 단맛이 있기에 신맛이나 쓴맛조차 긍정적으로 느껴지게 되는데, '단맛을 동반한 신맛' 또는 '단맛을 동반한 쓴맛'은 모두 긍정적인 평가를 받는다.

[사진 1-4] 커핑을 통해 샘플커피의 맛을 보고 있다.

'신맛'을 느낄 때는 긍정적인 신맛과 부정적인 신맛으로 구분하여 감지해야 한다. 긍정적인 신맛은 커피를 입에 넣자마자 초반에 단맛과 동반되어 커피를 새콤하고 산뜻하게 느끼게 해주며 비교적 가벼운 감촉으로 '어시더티 Acidity'라는 단어로 표현된다. 부정적인 신맛은 혀를 누르는 듯한 무거운 감촉으로 커피를 머금은 초반부가 아닌 후반부에 올라오며 상한 음식에서 느껴질 법한 시큼한 신맛으로 느껴지고, '사워 Sour'라는 단어로 표현된다.

어시더티는 품질이 좋은 그린커피를 평가를 위해 샘플 로스팅하여 커핑할 때 비교적 자주 느낄 수 있는 맛으로, 좋은 그린커피가 가지고 있는 긍정적인 맛으로 인지되는 신맛을 말한다. 사워는 산미가 있는 커피를 과다 추출했을 때, 또는 단맛이 동반되지 않은 신맛을 느낄 때의 은은하지 않은 발효된 듯한 선명한 시큼함을 말한다. 또한, 사워는 추출의 결함에 의해 나타나기도 하기 때문에 생두를 평가하는 커핑 시에는 사워에 대한 평가항목이 없는 반면, 제품으로 만든 프로덕트 로스팅 커피를 에스프레소나 아메리카노로 컵 테이스팅을 할 때는 추출에 따라 종종 사워가 느껴지기도 한다.

3) 촉각 Mouthfeel

[사진 1-5] 커피의 바디를 느낄 수 있는 에스프레소 추출

촉각 Mouthfeel은 음식이나 음료를 섭취하거나 그 후 입안에서 물리적으로 느끼는

촉감을 말한다. 입안의 말초 신경은 커피의 점도와 미끈함을 감지하는데, 이 두 가지를 '바디Body'라고 표현한다. 점도는 물과 비교해서 커피에 있는 고형성분의 양에 따라 결정되는데 이 성분은 주로 추출 시 여과되지 않은 미세한 섬유소로 구성되어 있다. 미끈함은 커피의 지질 함량에 따라 다르며 이것은 그린커피에는 고체 성분으로 존재하다 로스팅을 하면 액체 상태로 변하여 추출 시 나오게 된다.

커피의 농도는 커피 액의 가용성 성분의 양과 종류에 대한 강도를 느끼는 것을 말한다. 미끈한 촉감을 바디라고 한다면 TDS 수치[10]가 높은 것을 농도라고 보면 된다. 바디가 촉감의 특성이라면 농도는 맛의 특성이다.[11]

---

10) TDS(Total dissolved solids), 용액 속 총 용존 고형물의 수치
11) 유대준, "커피 인사이드", 라이언컴퍼니, p.353.

4. 커피의 향미결점

[사진 1-6] 커핑 시트지 속의 향미결점 체크

    커피가 만들어지는 과정 중에는 커피의 향에 좋지 않은 영향을 끼치는 내적, 외적 요인들이 끊임없이 발생한다. 이런 요인들의 대처가 미흡하면 플레이버에 결함을 주는 화학적 변화를 일으킨다. 향기의 변화에 국한되는 플레이버 결함일 경우에는 '플레이버 테인트Flavor taint'라고 하며, 커퍼Cupper의 개인적인 선호도나 결함의 종류와 정도에 따라 좋아하거나 싫어할 수 있다. 그러나 화학적 변화가 맛에 영향을 주는 중대한 결함으로 작용하면 이를 '플레이버 폴트Flavor fault'라고 하는데, 이는 커퍼의 개인적인 선호도를 떠나 대부분의 사람이 싫어한다.

    이러한 결함은 커피의 수확부터 로스팅과 추출, 보관 등 커피가 만들어지는 모든 과정에서 찾을 수 있는데, 로스터는 각각의 원인에 따른 맛의 결점들을 이해하고 숙지해야 한다.

1) 수확과 건조

커피체리를 수확하고 가공하는 동안 발생한다. 환경의 영향으로 결함이 생기거나 나무에 너무 오래 매달려 있어 체리가 과성숙하는 경우, 바닥에 떨어지거나 잘못된 프로세싱으로 발효하거나 손상된 체리들에서 발견된다.

[표 1-4] 수확과 프로세싱에 의해 나타나는 향미결점 용어[12]

종류	생성 원인
Rioy	요오드 같은 약품 맛이 나는 결점으로 자연 건조한 브라질 커피에서 주로 생기며 커피 열매가 너무 오랫동안 매달려 부분적으로 마를 때 지속적인 효소 활동을 유발하는 박테리아로 인해 생긴다.
Rubbery	탄 고무 냄새가 나는 결점으로 아프리카의 로부스타종을 건식 가공할 때 주로 나타난다.
Fermented	혀에 매우 불쾌한 신맛을 남기는 맛의 결점으로 건조 과정에서 생두의 효소가 당분을 식초산으로 분해하여 발생한다.
Earthy	커피의 뒷맛에서 흙냄새를 나게 하는 향기 결점으로 흙 위에서 건조 시 생두의 지방 성분이 흙냄새를 흡수하여 발생한다. (=dirty, groundy)
Musty	곰팡이 냄새가 나는 향기 결점으로 커피의 지방 성분이 곰팡이 냄새를 흡수하거나 건조 시 생두가 곰팡이와 접촉하여 발생한다. (=moldy)
Hidy	기계 건조 시 너무 많은 열이 전달되어 생두의 지방이 분해됨으로써 쇠기름이나 가죽 냄새가 나는 향기 결점이다.

12) 유대준, "커피 인사이드", 라이언컴퍼니.

2) 저장과 숙성

그린커피는 수확 후 몇 개월 동안 갓 베어낸 알팔파같은 독특한 풀향기와 떫은맛이 나는데 이를 '그래시Grassy'라고 한다. 수개월에 걸쳐 지속적인 효소작용으로 이러한 특성이 감소하게 되면 '뉴크롭Newcrop'이라고 한다. 수확한 후 일 년 정도가 지나면 화학적 변화가 그린커피 내부의 산에 영향을 주기 시작하는데, 이러한 그린커피를 '패스트크롭Pastcrop'이라고 부른다. 그린커피를 몇 년 정도 보관하면 효소가 그린커피의 산 함량을 현저히 감소시켜 숙성 상태가 되며, 효소작용이 지속될수록 유기 물질이 줄어들어 마른 건초 같은 지푸라기맛Straw이 느껴지게 된다. 더 시간이 지나면 그린커피 내 유기질 성분이 더욱 감소하게 되고 나무맛Woody이 나게 된다. 이러한 효소 작용은 적절한 보관 상태를 유지할수록 천천히 일어난다.

[표 1-5] 저장과 숙성에 의해서 나타나는 향미결점 용어[13]

종류	생성 원인
Grassy	갓 벤 알팔파에서 나는 냄새와 풀의 떫은맛(astringency)이 결합하여 독특한 풀의 특성을 나타내는 향미결점이다. 체리가 익을 때 질소화합물의 성분이 너무 많으면 생성된다.
Strawy	독특한 건초와 같은 맛을 내는 맛의 결점이다. 수확한 후 장기간 보관으로 그린커피 내부의 유기화합물이 사라지면서 생성된다.
Woody	불쾌한 나무와 같은 맛을 내는 맛의 결점이다. 장기간 보관으로 유기화합물이 거의 소멸된 상태로 숙성의 마지막 단계이며 커피의 상업적 가치는 없다.

---

13) 유대준, "커피 인사이드", 라이언컴퍼니.

3) 로스팅의 캐러멜화 과정

로스팅 온도가 약 205°C가 되면 그린커피 내부의 당 성분이 유기질과 무기질 성분과 결합하고 캐러멜 성분을 생성한다. 그린커피에 존재하는 당의 종류와 로스팅 시 열량과 가열 속도에 따라 최종적인 플레이버 성분에 영향을 준다.

[표 1-6] 로스팅의 캐러멜화 과정에서 나타나는 향미결점 용어[14]

종류	생성 원인
Green	풀냄새가 나는 맛의 결점으로 낮은 열을 짧은 시간에 공급하여 당-탄소화합물이 제대로 전개되지 않아서 발생한다.
Baked	향기가 약하고 무미건조한 맛을 내는 향과 맛의 결점으로 낮은 열로 오랜 시간 로스팅하여 캐러멜화가 제대로 진행되지 않아 발생한다.
Tipped	커피 추출액이 곡물 냄새를 내는 맛의 결점으로 열량 공급 속도가 빨라 생두의 끝부분이 타서 발생한다.
Scorched	캐러멜 성분이 제대로 생성되지 않아 페놀과 피리딘의 특성이 커피 추출액의 뒷맛에서 느껴지는 향기 결점으로 많은 열이 짧은 시간에 공급되어 생두의 표면이 타서 발생한다.

4) 로스팅 후 변화

로스팅 직후에는 휘발성이 강한 메르캅탄(mercaptane)이나 황 함유 화합물이 많아 원두가 신선하게 유지된다. 커피를 분쇄하면 향기물질이 급격히 소실되고 산패가 가속화된다. 산패가 진행됨에 따라 대부분의 휘발성 유기 물질은 탄산가스 방출과 더불어 소실된다.

---

14) 유대준, "커피 인사이드", 라이언컴퍼니.

[표 1-7] 로스팅 후 산화에 의해서 나타나는 향미결점 용어[15]

종류	생성 원인
Flat	로스팅한 후 산패가 진행되어 향기 성분이 커피에서 소멸되어 발생하는 향기 결점이다.
Vapid	유기 물질이 소실되어 커피 추출 시 향이 없는 결점으로 로스팅 된 커피가 산패되어 생기게 된다.
Insipid	향기 성분이 소실되어 향이 없는 결점으로 커피가 추출되기 전에 섬유 조직에 산소와 습기가 침투하여 향기물질이 소멸되어 발생한다.
Stale	불쾌한 맛의 결점으로 산소와 습기가 커피의 섬유 조직 또는 유기 물질에 영향을 주어 생성되거나 로스팅 후 불포화 지방산이 산화되어 생기는 맛
Rancid	불쾌한 맛의 결점으로 원두에 산소와 습기가 침투하여 지방 성분을 산화시켜서 발생한다.

5) 추출 후 보관 중 변화

갓 추출된 커피는 휘발성 유기물이 풍부하지만 지속적으로 가열되면 온도에 의한 격렬한 분자 반응Brownian motion[16]이 일어나 기체 성분이 증발하게 된다.

[표 1-8] 추출 후 보관 중 나타나는 향미결점 용어[17]

종류	생성 원인
Flat	추출 후 보관 과정에서 향기 성분이 커피에서 소실되어 발생하는 향기 결점이다.
Vapid	유기물이 소실되어 아로마(Aroma)와 노즈(Nose) 단계에서 추출 커피에서 향이 별로 나지 않는 향기 결점이다.
Acerbic	신맛이 강하게 나는 결점으로 추출 후 클로로겐산이 짧은 사슬 구조의 퀴닉산과 카페인산으로 분해되어 생성된다.

15) 유대준, "커피 인사이드", 라이언컴퍼니.
16) 액체나 기체 등 유체 안에 존재하는 거대한 입자가 끊임없이 불규칙적으로 움직이는 현상
17) 유대준, "커피 인사이드", 라이언컴퍼니.

종류	
Briny	짠맛이 나는 결점으로 물이 증발하고 떫은맛을 내는 무기질 성분이 농축되면서 느껴진다.
Tarry	불쾌한 탄맛이 나는 결점으로 추출액을 높은 온도로 보관 시 단백질이 타면서 생성된다.
Brackish	염기성(Alkaline)의 짠맛이 나는 결점으로 산화 무기물과 염기성 무기질이 농축되어 생성된다.

6) 기타

[표 1-9] 기타 향미결점 용어[18]

종류	생성 원인
New crop	풀 냄새가 나는 맛의 결점으로 수확과 건조 과정에서 숙성되지 않은 콩이 충분히 효소 작용이 진행되지 않았을 때 생성된다.
Past crop	신맛이 약하게 나는 맛의 결점으로 수확한 지 1년 이상 지나면 생두 안에 있는 효소가 변화하여 생성된다.
Aged	신맛은 약해지고 바디는 강해지는 맛의 결점으로 커피를 수확 후 오래 저장하여 숙성되면 생두에 있는 효소의 활동에 의해 발생한다.
Quakery	커피를 추출했을 때 땅콩맛(Peanutty)이 나는 맛의 결점으로 수확 시 덜 익은 체리를 따서 건조하여 생기며 로스팅을 해도 연한 색깔을 띠며 잘 익지 않게 된다.
Wild	커핑 시 샘플 컵마다 차이가 많이 나는 특징이 있으며 불쾌하게 시큼한 맛이 나는 맛의 결점으로 생두의 내부 화학적 변화나 외부로부터의 오염이 원인이다.

[18] 유대준, "커피 인사이드", 라이언컴퍼니.

II. 로스팅을 통한 그린커피의 변화

1. 물리적 변화

그린커피는 단단한 세포벽이 있는 다공질 구조로 열을 가하면 내부의 수분이 기화되면서 압력이 발생하고 내부에서 팽창하며 이산화탄소가 발생한다. 높은 열로 인해 세포벽이 약해져 부분적으로 파괴될 때까지 압력은 올라간다. 변화 과정에서 나타나는 소리나 형상의 변화, 향기의 흐름 등을 통해 로스터는 전 과정을 구체적으로

[사진 2-1] 로스팅 중 샘플러를 통해 원두의 상태를 살펴보고 있다.

이해할 수 있어야 한다.

　동일한 그린커피를 사용하여 로스팅 시 같은 프로파일이라도 결과물과 다르게 나타날 수 있다. 이는 커피를 로스팅하는 과정에 가장 근본적으로 참고해야 될 사항이 커피 자체에 나타나는 변화임을 말한다.

　이번 단원에서는 로스팅에 따라 변화하는 그린커피의 물리적 변화를 알아보도록 한다.

1) 수분의 증발

　일반적인 그린커피의 함수율은 대략 9~13%정도로 정도에 따라 다르지만 로스팅을 완료한 후의 커피 함수율은 대략 0.5~2% 이내로 감소한다. 이는 수분의 증발에 필요한 열의 요구량과 밀접한 관계가 있다. 수분을 많이 가지고 있는 그린커피는 수분

[도표 2-1] 로스팅 시간에 따른 무게 감소[19]

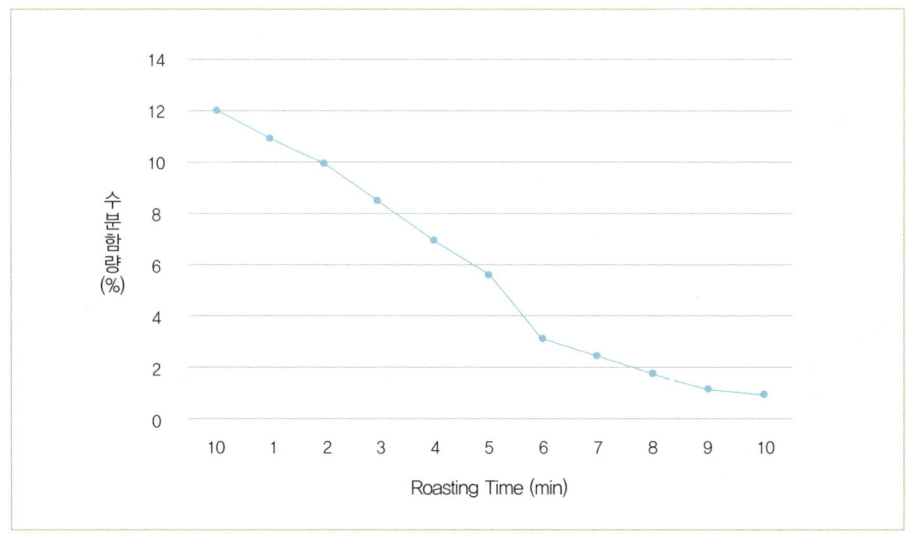

19) 최낙언, "과학으로 풀어본 커피향의 비밀", 서울꼬뮨, p.86.

을 기화하는 데 있어 수분이 적은 커피보다 더 많은 열량이 필요하다.

  그린커피를 투입하면 수분의 기화가 이루어지는데, 100℃까지는 드럼과 직접 부딪히는 표면에서, 그 이상이 되면 콩 내부에서도 기화가 시작된다. 기화가 시작되면 많은 양의 수증기가 발생하는데 이로 인해 그린커피 내부의 압력이 높아지게 된다. 이때 공급되는 열량은 대부분 수분의 기화에 사용된다. 내부의 압력이 높아지면서 수분의 끓는점 또한 상승함으로 열을 지속적으로 공급해주어 압력과 기화 온도의 균형을 유지하여야 한다.

  커피에 따라 조금씩 다르지만, 대체로 160℃에 가까워지면 기화에 의한 내부 압력의 증가에 따라 커피의 조직이 팽창한다. 이로부터 급격하게 기체가 빠져나가면서, 내부 압력 조건이 변화하며 빠르게 기화가 진행되면서 커피의 무게가 빠른 속도로 줄어든다. 이때 조직이 물렁해지고 무게가 가벼워져서 드럼의 교반에 부딪히는 소리가 부드러워지는 것을 알 수 있다. 소리가 가벼워지기 시작하는 순간에 샘플러로

[도표 2-2] 로스팅 시간에 따른 팽창률[20]

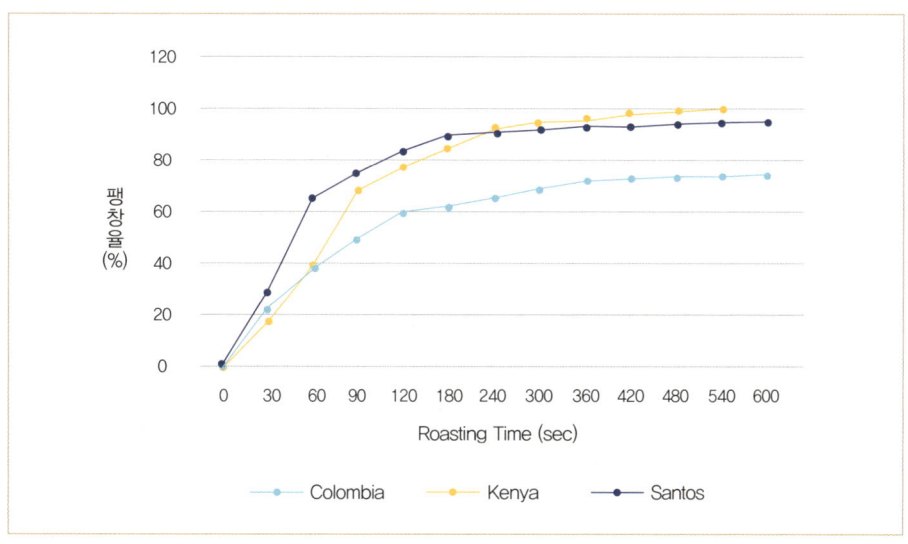

20) 최낙언, "과학으로 풀어본 커피향의 비밀", 서울꼬뮨, p.86.

살펴보면 그린커피의 표면에 실버스킨이 하얗게 떨어지고 있는 모습이 보인다. 조금 지나면 약간의 색깔 변화와 함께 실버스킨이 급격하게 벗겨지는 모습을 볼 수 있다. 콩의 팽창과 수축으로 일어나는 현상인데, 1차 탈피라고 할 수 있다. 물론 이런 일은 드럼 내부의 모든 그린커피에서 한꺼번에 일어나는 것이 아니어서 정확한 순간을 포착하기는 쉽지 않다.

2) 색상

수분이 기화하며 전체적으로 노란색을 띠기 시작하면서 갈변이 진행된다. 실버스킨은 하얀색에 가까운 상태로 수축과 팽창을 통해 1차적으로 표면을 감싼 실버스킨이 먼저 벗겨진다. 향기는 달콤한 냄새와 구수한 냄새가 함께 나타난다. 본격적으로 열분해가 진행되는 것이다. 점차 색이 진해지며 표면에 얼룩이 지기도 하는데 내부의 다양한 성분의 변화와 함께 팽창과 수축이 반복되기 때문이다. 점차 열을 가하면 갈색에서 짙은 갈색으로 바뀌고 최종적으로 검은색이 된다. 이런 색상의 변화를 살펴보면 현재 로스팅이 얼마나 진행되었는지 이해하는 중요한 지표가 될 수 있다.

3) 부피와 밀도

수분의 증발과 이산화탄소의 형성을 통해 내부에 높은 압력이 형성되고 부피가 팽창하여 추출하기 좋은 구조가 되고, 팽창으로 크랙이 일어난다. 강배전의 경우 2배 가까이 팽창하는 경우도 있다. 물론 품종과 시간, 로스팅 단계에 따라서 부피의 증가분은 달라지며 강한 열량으로 짧은 시간 로스팅하는 경우가 팽창력이 가장 좋은 반면, 긴 시간 로스팅하는 경우는 팽창력이 줄어드는 경우가 발생한다. 이 팽창도에 따라 세포의 공극률이 달라지고 추출 수율에도 영향을 미치게 된다.

팽창의 과정에서 질량의 감소와 부피 팽창으로 인해 밀도는 감소하게 된다. 수분의 감소와 기화, 가스의 발생으로 높아진 내압으로 인해 커피의 밀도는 촘촘히 단단하게 모여 있다가 세포의 갑작스러운 부피확장과 함께 큰 소리를 발생시킨다. 단단하고 고도가 높은 커피일수록 1차 크랙의 파핑 소리가 크다.

[사진 2-2] 로스팅 후 원두 내부의 모습[21]

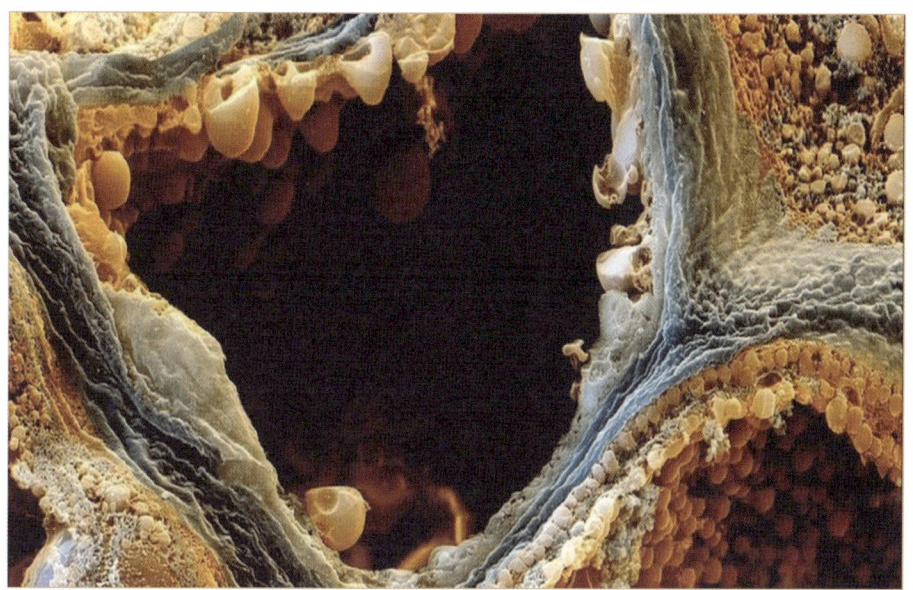

4) 무게 감소

로스팅이 진행되면 질량의 감소는 곧 성분의 감소와도 연관된다. 총 손실 질량은 12~23%로 로스팅의 단계와 로스팅 시간에 따라 변화의 폭이 크다. 순수한 질량 감소는 물과 실버스킨, 그 외 건조성분으로는 이산화탄소, 일산화탄소, 질소, 휘발산과 휘발성 향미화합물로 이루어진다. 이 가운데 수분이 질량의 감소폭이 가장 크며, 건조성분의 감소는 이산화탄소의 방출로 인한 감소가 가장 크다.

21) 어두운 색의 칸은 세포벽, 방울로 맺혀 있는 것은 지방 성분, 가운데 빈 공간은 이산화탄소로 가득 차 있다.

이러한 질량 감소의 정도는 그린커피의 종류, 로스팅 단계, 로스팅 시간에 따라 다르다는 것을 유의해야 하며, 특히 저장 조건이 떨어지는 샵 로스터의 경우는 그린커피의 수분 함량이 적어지는 점에 유의해야 한다.

[표 2-1] 로스팅에 의해 초래되는 거시적인 변화들[22]

항목	변화 내용
색깔	로스팅 정도가 증가할수록 어두운 색으로 변한다.
표면	로스팅 정도가 증가할수록 기름이 배어나온다.
콩의 구조	분출되는 많은 양의 이산화탄소가 콩에 많은 구멍을 만든다.
부서짐	로스팅 정도가 증가할수록 극대화되며 내부 조직의 변형을 일으킨다.
밀도	1.2~1.5에서 0.7~0.8 이하로 감소한다.
수분	9~13%의 수분이 2~3% 이하로 감소한다.
유기물 손실	로스팅 정도가 증가할수록 많이 감소한다. 이때 향기물질의 손실도 같이 일어난다.

5) 1차 크랙, 2차 크랙

대체로 파열음이 본격적으로 들리기 시작하기 전에 한 두개가 먼저 파열음을 내기도 한다. 눈으로 보이는 상황은 실버스킨의 2차 탈피가 진행되고 있으며, 평평한 면의 배아 쪽이 갈라진 것이 보이기도 한다. 마른 단내와 함께 시큰함 냄새가 날카롭게 나기도 하고 매캐한 냄새가 나기도 한다. 열분해에 의해 조성된 가스가 강력하게 배출되고 있기 때문이다.

1차 파열음의 정점에 도달하면 라이트 로스팅Light color roasting, 커피콩의 기준 온도 200℃으로 본다. 파열이 일어나면 가스가 빠져나가면서 순간적으로 수축이 일어난다. 2차 탈피가 강하게 진행되면서 빠른 속도로 색상 변화가 진행되고 과일 냄새와 비슷한

---

22) 최낙언, "과학으로 풀어본 커피향의 비밀", 서울꼬뮨, p.83.

식초 냄새가 톡 쏘듯 나타난다. 한편으로는 달콤한 냄새가 나타나면서 강해지기 시작하는데 이때의 향기를 캐러멜리Caramely라고 한다. 열분해의 두 번째 단계에 접어드는 것이다. 이때 배출하면 추출 방법에 따라서 신맛과 함께 달콤한 맛을 가지기도 하나, 바디가 약하며 신맛만 강한 커피가 될 수도 있다.

 1차 파열음과 함께 수축이 일어났던 커피는 다시 팽창하기 시작하여 4~8℃ 정도 진행되면 파열음이 끝나간다. 이때를 라이트 미디엄 로스팅Light Medium 혹은 Medium Light color roasting이라 부를 수 있다. 이때는 잔류 실버스킨이 거의 탈락되고 단맛이 강해진다. 수축 되었던 커피가 다시 팽창하며 추출이 쉬워지는 조직이 된다. 여기서 더 진행하면 온도 상승 속도가 느려졌다가 갑자기 빠르게 상승하는데, 열분해가 시작되어 쓴맛이 나타나기 시작한다. 이때를 미디엄 로스팅Medium color roasting, City roast 초기로 본다. 커피콩 내부의 압력과 온도가 높아지면서 중합반응으로 인해 분자들이 결합하여 안정적인 상태로 바뀌게 되는데, 이 순간 필요 없는 열량이 떨어져 나오게 되면서 발열이 일어난다. 이때 고분자 물질들이 만들어지면서 쓴맛이 나타나게 되는 것이다. 이 순간에 도달하면 표면에 약간의 광택이 나타나고 약하게나마 초콜릿 향이 나타나기 시작한다. 이로부터 배출되는 연기의 색깔도 푸르스름한 빛을 띤다. 온도 상승 속도가 빨라지면서 전체적으로 무거운 향으로 바뀌기 시작하고 쓴 냄새가 뚜렷해진다.

 내부 압력은 열분해에 의한 가스의 증가로 높아지고 콩의 조직은 점점 경화되어 간다. 그러다가 더 이상 팽창하기 어려운 순간에 도달하면 2차 파열음이 들린다. 배출되는 연기는 완연하게 푸른색을 띠기 시작하고 쓴 냄새가 강해진다. 표면 광택도 뚜렷해지면서 색깔도 진한 갈색으로 진행된다. 서서히 고소한 냄새가 나기 시작한다. 여기부터 미디엄 다크 로스팅Medium Dark roast, 혹은 French roast, 커피콩의 추정 실온은 215℃ 이상으로 진행되면서 색깔도 완연하게 진해지고, 표면에 기름이 나오기도 한다. 달콤한 냄새는 현저하게 줄어들지만 대신 강하고 자극적인 냄새가 난다. 이때부터 파열음이 극단적으로 강해지면서 다크 로스팅Dark roast 혹은 French roast이 된다. 이때쯤이면 커피콩 표면이 동그랗게 떨어져 나가는 로스팅 결함인 치핑Chipping[23])이 생기기도 한다.

    2차 크랙이 최고조로 진행되며 본격적으로 탄내와 함께 쓴맛이 강해진다. 오일이 많이 나온 만큼 고소한 냄새도 강해지는 편이다.

2. 화학적 변화

1) 탄수화물, 지방, 단백질

    그린커피의 단당류와 이당류는 로스팅 후에는 유리당의 흔적만 남게 된다. 설탕은 부분적으로 가수분해되며 나머지는 열분해되기 때문이다. 당분이 감소하면서 많은 향기 성분과 휘발성 산, 비휘발성 물질 등이 마이야르 반응Maillad Reaction 또는 캐러멜 반응에 의해 형성된다. 이는 효소가 쓰이지 않는 갈변화 과정으로 환원당Reducing sugar이 아미노산과 반응하는 것이다. 그린커피를 로스팅할 때 그린커피에 포함되어 있는 미량의 아미노기Amino group와 환원당인 카르보닐기Carbonylgroup가 작용하여 갈색의 중합체인 멜라노이딘Melanoidine이라는 최종산물을 만드는데, 마이야르 반응 후반기에서는 많은 양의 탄산가스를 발생시키며 스트렉커 중합반응Strecker reaction과 함께 이산화탄소, 알데히드, 케톤 화합물을 발생시켜 휘발성 향기 생성에 관여한다. 이 단계가 진행될수록 고분자 중합체의 질량은 독특한 색상 변화와 특유의 쓴맛을 내는 화합물질이 생성된다.

---

23) 로스팅 디펙트 중 하나인 치핑은 1차 크랙과 2차 크랙 사이의 과도한 열량에 의해 발생되며 아린 쓴맛이 나는 향미 결함을 주므로 로스팅 후 발견되면 제거하는 것이 좋다.

[표 2-2] 아라비카 커피를 기준으로 한 로스팅 전후의 성분변화표[24]

식품 성분		생두	원두
탄수화물	다당류	45.4	37.1
	설탕	7.3	0
	기타 당	1	0.3
지방	지방	14.8	16.6
	지방산	1	1.6
단백질	단백질	8.9	7.3
	아미노산	0.5	0
	카페인	1.1	1.3
	트리고넬린	0.9	1

아미노 질소는 20~40%의 손실이 생기고, 다크 로스트된 커피의 경우 50% 이상의 손실이 생기는데 단순히 휘발되어 사라지는 것이 아니라 다른 물질과 결합하거나 변화한다. 유리 아미노산은 로스팅 후에는 거의 남아 있지 않으며 만들어진 반응 물질은 멜라노이딘 같은 물질로 통합된다. 에스프레소에서 거품의 형성 정도는 추출물의 단백질과 지방의 양과 볶음의 정도에 따라 달라진다.

카페인은 130℃ 이상이 되면 일부 승화하지만 로스팅과 무관하게 안정적인 모습을 보인다. 트리고넬린은 열에 불안정하여 가열이 진행되면 급격히 분해된다.

2) 클로로겐산과 유기산, 미네랄

커피에서 클로로겐산의 농도는 원두의 총 구성 성분의 7~10%를 차지하며 아라비카보다 로부스타에서 농도가 더 높다. 클로로겐산은 로스팅 도중에 대부분 커피

[24] 최낙언, "과학으로 풀어본 커피향의 비밀", 서울꼬뮨, p.87.

산Caffeic acid과 퀸산Quinic acid으로 분해된 후 다크로스트에서 흔히 발견되는 자극적이고 쓴맛을 가진 페놀을 생성한다. 클로로겐산은 많은 부분이 로스팅 이후에도 남아 전반적인 플레이버에 크게 기여한다. 그린커피에서 용존고형물 총량의 19%를 차지하며 이는 브루잉 커피에서 탄수화물의 비율과 비슷한 양이다. 따라서 클로로겐산은 바디, 떫음, 전반적인 산미의 발현을 포함한다.

[도표 2-3] 클로로겐산의 분해 반응[25]

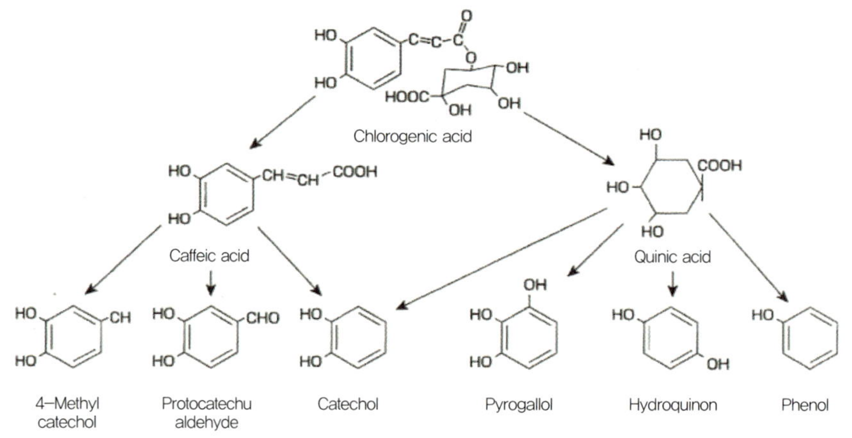

구연산은 열분해되어 결국에는 약간의 소수Miner의 산으로 변하며, 사과산도 다른 산으로 분해된다. 그리고 포름산과 초산 같은 몇 가지 산은 다른 산의 분해에 의해 더 만들어져 양이 늘어난다. 미네랄은 로스팅에 따라 변화하지는 않는다.

---

25) 최낙언, "과학으로 풀어본 커피향의 비밀", 서울꼬뮨, p.88.

[표 2-3] 아라비카 커피를 기준으로 한 로스팅 전후의 성분 변화표[26]

식품 성분		생두	원두
기타	클로로겐산	5.9	2.4
	퀸산	0.4	0.8
	휘발성 아로마	0	0.1
	미네랄	3.8	4.4
	수분	9.1	2.4
	캐러멜화 물질	0	24.8

[도표 2-4] 일반적인 브루잉 조건에서 아라비카 브루잉 커피의 조성[27]

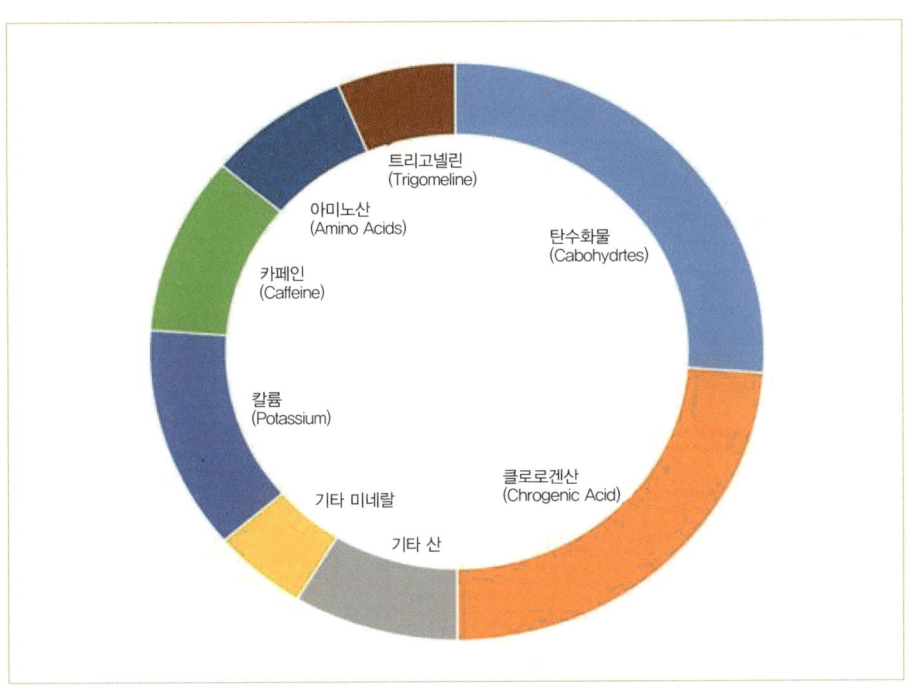

26) 최낙언, "과학으로 풀어본 커피향의 비밀", 서울꼬뮨, p.87.
27) Roast Magazine 편집부, "The Book of Roast", (주)기센코리아, p.208.

3. 향의 생성과 맛의 균형

커피의 향기 성분은 대부분 로스팅 과정의 결과이다. 고온과 고압은 화학반응을 촉발시켜 1000가지 정도의 휘발성 물질을 만든다. 그린커피에는 300개의 휘발성 물질이 있는데, 이 가운데 100가지는 로스팅 도중에 사라지고 650종 정도가 새로 추가된다. 로스팅된 커피에서는 850개 이상의 휘발성 물질이 발견되었다.[28]

[도표 2-5] 그린커피와 원두의 향기물질 종류 비교[29]

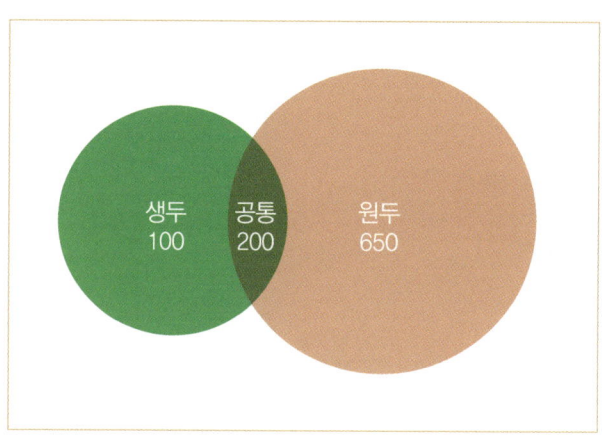

로스팅은 마지막에 가까울수록 변화가 급격하게 일어나기 때문에 감각과 집중력이 요구된다. 커피 맛의 핵심은 로스팅을 통한 향이 가지고 있지만 단순히 향이 좋다고 좋은 커피가 되지는 않는다. 맛 성분과 향 성분의 상호작용의 적절한 밸런스가 필요하다.

---

28) 최낙언, "과학으로 풀어본 커피향의 비밀", 서울꼬뮨, p.91.
29) Coffee Flavor chemistry
30) 최낙언, "과학으로 풀어본 커피향의 비밀", 서울꼬뮨, p.99.
31) 최낙언, "과학으로 풀어본 커피향의 비밀", 서울꼬뮨, p.92.

[도표 2-6] 최적의 로스팅 포인트를 잡을 때 고려사항[30]

맛
쓴맛
단맛
신맛
단맛로스팅 정도
(약-강)
피크로스팅의 범위

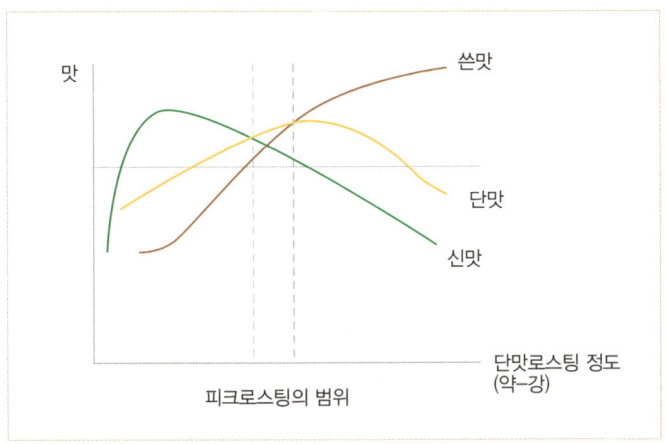

[도표 2-7] 커피의 향 전구물질과 로스팅 시 만들어지는 향[31]

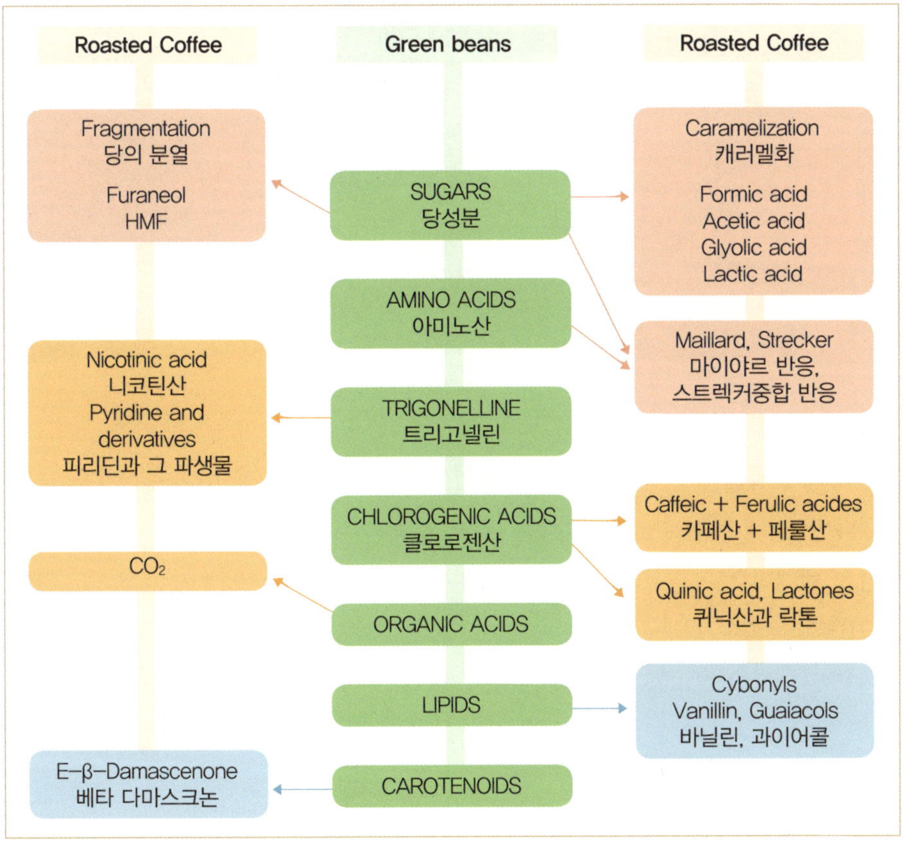

Roasted Coffee
Green beans
Roasted Coffee
Fragmentation
당의 분열
Furaneol
HMF
SUGARS
당성분
Caramelization
캐러멜화
Formic acid
Acetic acid
Glyolic acid
Lactic acid
AMINO ACIDS
아미노산
Maillard, Strecker
마이야르 반응,
스트렉커중합 반응
Nicotinic acid
니코틴산
Pyridine and derivatives
피리딘과 그 파생물
TRIGONELLINE
트리고넬린
CHLOROGENIC ACIDS
클로로젠산
Caffeic + Ferulic acides
카페산 + 페룰산
CO2
Quinic acid, Lactones
퀴닉산과 락톤
ORGANIC ACIDS
LIPIDS
Cybonyls
Vanillin, Guaiacols
바닐린, 과이어콜
E-β-Damascenone
베타 다마스크논
CAROTENOIDS

Ⅲ 커핑의 이해 및 실습

플레이버 휠을 활용하는 방법과 커피의 향미를 표현하는 용어가 어느 정도 숙지되었다면, 이제 커핑cupping을 익혀야 한다. 커핑은 커피 샘플의 향Aroma과 맛Taste의 특성을 체계적으로 평가하는 것을 말하며 이런 작업을 전문적으로 수행하는 사람을 커퍼Cupper라고 한다. 커퍼는 커피농장이나 대규모 로스팅 회사, 커피 제조회사 등에서 근무하며 커피를 평가하는 중요한 일을 하는데, 선천적인 감각보다 후천적인 반복적 훈련을 통해 육성된다. 커핑은 대부분 커피의 구매나 블렌딩과 같은 상업적인 목적과 연관되어 있기 때문에 커퍼는 규정된 커핑 절차와 기법을 엄격하게 준수해야 한다.

1. 커핑 준비

커핑폼은 커피 샘플을 평가하는 도구이자 QC^{Quailty Control}의 기준으로 활용된다. 흔히 SCA와 COE 커핑폼을 바탕으로 평가하나, 목적에 따라 다른 기준이 기재된 커핑폼을 사용할 수 있으므로 자신만의 커핑폼을 자유롭게 만들어 사용할 수도 있다. 우리는 로스트마스터 시험의 커핑폼을 분석해보도록 한다. 로스트마스터 감각평가 시트지는 KCRC^{Korea Coffee Roasting Championship, 한국커피로스팅챔피언십}의 감각평가 시트지

[사진 3-1] 커핑 준비

와 같은 기준으로 만들어져 있다.

생두 품질의 평가를 위한 SCA 커핑과 달리 로스트마스터 감각평가 커핑은 로스팅의 결점 여부와 로스팅의 차이로 큰 차이를 느낄 수 있는 항목에 가점을 주기 위함이다.

1) 커핑 환경

커핑을 할 때는 조용한 장소와 적당한 채광과 온도를 유지한다.

[사진 3-2] 커핑 환경

커핑 규정	골든컵 규정에 따라 최적의 추출율로 커핑한다. 물 1ml당 커피 0.055g
	예) 커피 8.25g, 커핑볼 용량 150ml=0.055g/ml 　　커피 12.1g, 커핑볼 용량 220ml=0.055g/ml
로스팅(샘플)	로스팅 시간은 8~12분 사이에 마쳐야 한다. 샘플 로스팅은 커피의 향미 특성을 가능한 한 많이 추출하는 데에 목적을 둔다. 샘플 로스팅 포인트는 아그트론 숫자를 기준으로 하여 홀빈 58, 그라운드빈 63으로 포인트는 미디엄이나 미디엄라이트로 한다. 로스팅 후 20℃ 이상 상온에서 보관하며 8시간~24시간 이내 커핑한다.
분쇄 장비	디팅 또는 말코닉을 추천한다.
분쇄도	브루잉 분쇄보다 조금 가늘게 분쇄한다. 커핑할 컵은 4컵으로 준비한다. (생두 평가이므로 컵의 균일성을 판단하기 위함이다). 분쇄 후 15분 이내 물을 붓는다. (커버로 가린 경우에는 30분 이내)

2) 커핑폼

커핑폼은 커피 샘플을 평가하는 도구이자 QC의 기준으로 활용된다. 흔히 SCA와 COE 커핑폼을 바탕으로 평가하나, 목적에 따라 다른 기준이 기재된 커핑폼을 사용할 수 있으므로 자신만의 커핑폼을 자유롭게 만들어 사용할 수도 있다.

로스트마스터 감각평가 시트지는 KCRC의 감각평가 시트지와 같은 기준으로 만들어져 있다. 생두 품질의 평가를 위한 SCA 커핑과 달리 로스트마스터 감각평가 커핑은 로스팅의 결점여부와 로스팅의 차이로 큰 차이를 느낄 수 있는 항목에 가점을 주기 위함이다.

다음은 로스트마스터 자격증 취득 과정 중에서 응시생의 커피를 평가하기 위한 감각평가표이다.

[표 3-1] 로스트마스터 인증 감각평가표

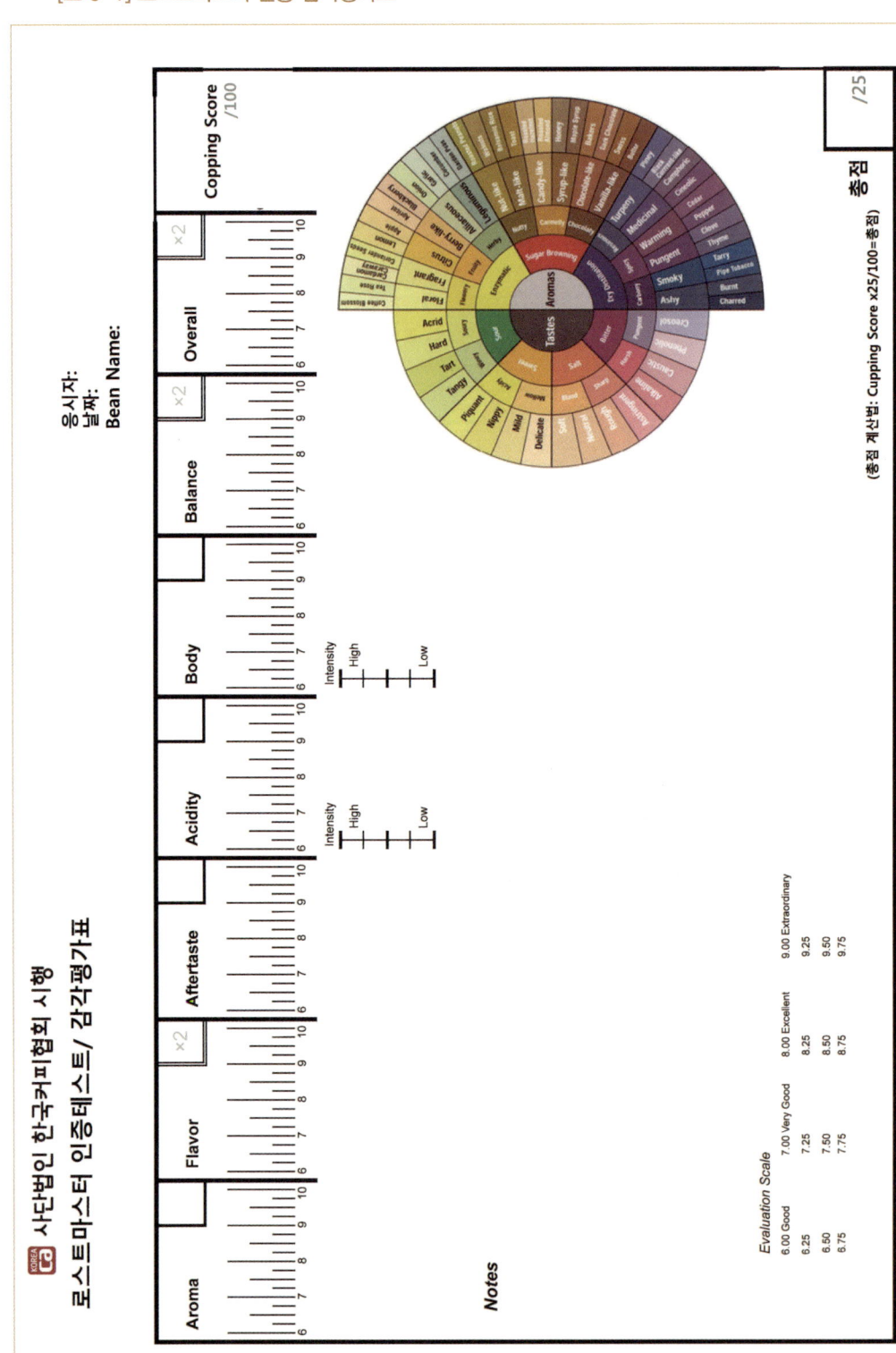

2. 커핑 절차

커핑 과정은 개인과 업체마다 조금씩 차이가 있으나, 여기에서는 통용되는 평가 기준 중 하나인 SCA의 프로토콜을 이용하도록 한다.

[사진 3-3] 샘플 로스터

기준에 맞게 로스팅된 원두 8.25g을 계량해 준비한 커핑컵에 담는다. 종류당 4~5컵을 준비한다. 200ml 용량의 커핑볼을 사용할 시 물 150ml를 기준으로 원두 13.7g을 사용한다.

[사진 3-4] 커핑용 원두 분쇄 및 준비

원두를 갈아 준비한 후 물 붓기 전 프래그런스를 맡는다. 원두 분쇄 후 물을 붓기 전까지 걸리는 시간은 15분을 넘기지 않는다.

[사진 3-5] 커핑 중 프래그런스를 맡고 있다.

분쇄된 원두에 93℃의 물을 높고 거칠게 부어 건조된 원두가 뭉친 곳 없이 골고루 적셔질 수 있게 한 후 아로마를 맡는다.

[사진 3-6] 커핑 중 커피볼에 물을 붓고 있다.

물을 붓고 4분 지난 후 커핑볼에 담겨 있는 커피를 스푼을 이용하여 브레이크를 진행하고, 마찬가지로 아로마를 맡으며 추가되는 향이 있는지, 변화되는 부분은 없는지 살핀다.

[사진 3-7] 커핑 중 브레이킹을 하고 있다.

 브레이킹을 하고 2분이 지난 후 커핑스푼으로 커피와 거품을 걷어내는 '스키밍Skimming'을 진행한다. 이후 바로 커핑도 가능하나 보통 조금 식히고 난 후 8분대부터 커핑을 시작한다.

[사진 3-8] 커핑 중 스키밍을 하고 있다.

물을 붓고 8~10분이 지나면 커핑스푼으로 스푼의 80% 정도의 적당한 양으로 떠서 '슬러핑Slurping32)'하며 맛Flavor, 여운Aftertaste, 산미Acidity, 촉감Body을 동시에 확인한다. 온도 변화에 따라 맛이 변화하므로 뜨거울 때와 따뜻할 때 등 온도별로 나눠 2번 이상 시음한다.

커피가 식어감에 따라 위의 4가지 맛이 감소하므로 반드시 뜨거울 때와 따뜻할 때 평가해야 하며, 식었을 때의 맛의 변화는 참고하되 큰 비중을 두지 않아야 한다. 계속 맛을 보고 산미와 바디 등의 항목을 양식에 맞춰 평가하고 커피 샘플의 최종 점수를 매긴다.

커핑은 커피 샘플이 식을 때까지 지속하며, 시간은 약 50분 정도 소요된다.

3. 커핑 시트지 기록 방법

1) 아로마Aroma

물에 적셔진 커피의 향에 대한 항목이며, 향의 종류는 노트 부분에 기재한다. 프래그런스Fragrance는 참고하되 점수에는 포함하지 않는다. 처음 점수와 시간이 흐른 뒤의 점수가 다를 때는 화살표로 방향 표시를 해준 후 중간 점수를 기입한다.

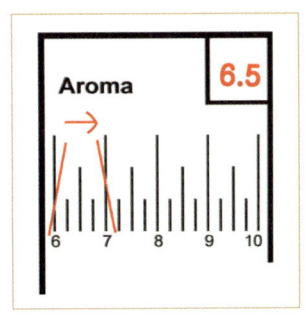

---

32) 슬러핑은 커피 분자를 최대한 미세하게 만들기 위해 입으로 커피를 세게 빨아들여 입안의 감각세포가 향미를 잘 감지할 수 있도록 하는 방법이다.

2) 플레이버 Flavor

입에 머금었을 때 나는 커피의 복합적인 향미를 평가하는 항목이다. 향과 맛의 모든 요소가 플레이버에 영향을 미치기 때문에 가장 기본적이면서도 복잡한 항목이라 볼 수 있다. 다양하고 복합성을 띈 풍부한 향미를 지닌 커피가 좋은 평가를 받는다. 향의 종류는 노트 부분에 기재한다. 처음 점수와 시간이 흐른 뒤의 점수가 같을 경우 그림과 같이 서로 다른 방향으로 체크하고 점수를 기입한다. 플레이버는 2배 점수 항목이므로 신중하게 점수를 주도록 한다.

3) 애프터테이스트 Aftertaste

플레이버 평가와 연관된 항목으로, 커피를 마시거나 뱉은 후에 입안과 혀 뒤쪽에 남는 여운을 뜻한다. 뒷맛이 깔끔하거나 좋은 맛과 향이 지속적으로 입안에 남아있는 경우 높은 점수를 준다. 애프터테이스트에 해당하는 맛의 표현은 노트에 기재한다. 처음 점수와 시간이 흐른 뒤의 점수가 다를 때는 화살표로 방향 표시를 한 후 중간 점수를 기입한다.

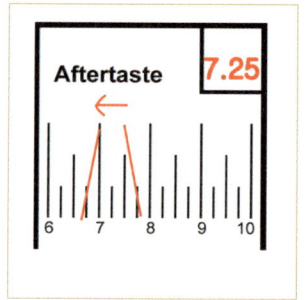

4) 어시더티 Acidity

'산미'를 뜻하는 어시더티는 커피의 맛 중 밝은 유기산의 맛을 이르는 말이다. 자몽, 사과, 청포도와 같은 상큼한 산미는 높은 점수를 주는 반면, 레몬,

식초와 같은 자극적인 신맛은 낮은 점수를 준다. 즉, 신맛의 강도보다는 신맛의 질을 점수에 반영해야 하며, 낮은 강도의 신맛이라도 좋은 질의 신맛이라면 좋은 점수를 준다. 질이 좋지 않은 신맛이라 함은 단맛이 동반되지 않은 찌르는 듯한 강한 신맛을 말하며, 신맛만 강하게 나는 것보다 단맛이 함께 어우러진 것을 좋은 산미로 평가한다.

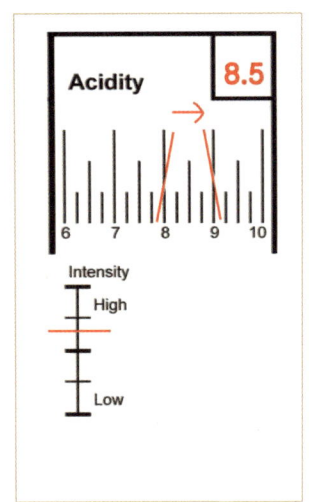

처음 점수와 시간이 흐른 뒤의 점수가 다를 때는 화살표로 방향 표시를 해준 후 중간 점수를 기입한다. 산미의 강도, 단순한 신맛의 정도는 강도를 나타내는 '인텐서티Intensity'에 기입하고 산미의 질, 단맛이 동반된 신맛의 정도는 점수에 기입한다. 인텐서티 수치는 점수에 반영되지 않는다.

5) 바디Body

질감과 무게감을 포함하는 느낌을 바디라고 하며 이는 맛이 아닌 촉감이다. '물보다는 우유가, 우유보다는 크림이 바디가 좋다'로 표현할 수 있다. 혀를 굴렸을 때 느껴지는 액체의 저항성이나 커피를 마시고 입안에 남은 물리적인 느낌을 의미하는 애프터필Afterfeel도 함께 확인하면서 그 강도와 질적인 평가를 기록한다. 처음 점수와 시간이 흐른 뒤의 점수가 다를 때는 화살표로 방향 표시를 해준 후 중간 점수를 기입한다. 바디의 단순한 묵직한 정도는 인텐서티에 기입하고 바디의 질, 미끈함과 단맛이 동반된

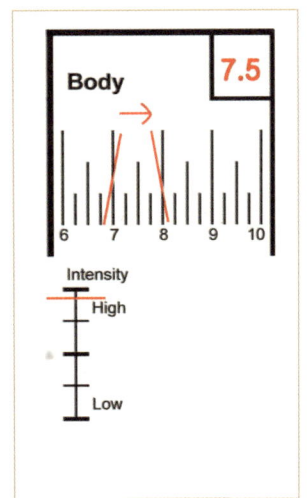

묵직한 정도는 점수에 기입한다. 강도를 나타내는 인텐서티 수치는 점수에 반영되지 않는다. 바디에 해당하는 맛의 표현은 노트에 기재한다.

6) 밸런스 Balance

각 향미 요소들이 서로 조화를 이루는지 평가하는 항목이다. 향미가 한쪽으로 치우치지 않는 것이 중요한데, 이때 스위트니스 Sweetness가 전체적인 균형을 잡는 역할을 한다. 단맛의 유무가 밸런스 항목점수에 큰 영향을 끼치므로 단맛의 유무를 판단하여 점수를 주는 항목이라고 봐도 무방하다. 처음 점수와 시간이 흐른 뒤의 점수가 다를 때는 화살표로 방향 표시를 해준 후 중간 점수를 기입한다. 밸런스 Balance는 2배 점수 항목이므로 신중하게 점수를 주도록 한다.

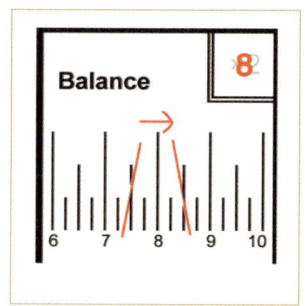

7) 오버롤 Overall

커피에서 느낀 주관적인 점수를 기록하는 항목이다. 커퍼의 선호도를 반영하는 유일한 항목으로 전체 평가 항목의 평균적인 점수를 반영하여 수평 척도에 기록한다. 특히 밸런스보다 너무 차이가 나면 안 된다. 처음 점수와 시간이 흐른 뒤의 점수가 다를 때는 화살표로 방향 표시를 해준 후 중간 점수를 기입한다.

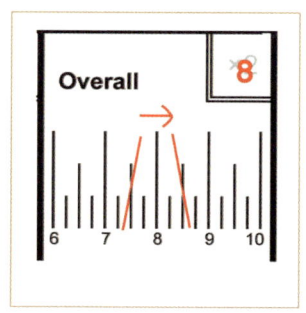

8) 평가 척도 Evaluation Scale

평균 점수 7점대를 기준으로 하여 6점대의 점수를 줄 때에는 각 항목에 해당하는 부정적인 노트를 3~4가지 이상으로 구체적인 표현을 해야 하고 예: Peanut, Woody, Dry After, Astringent, Chalky, Dirty 등 부정적 표현, 8점대 이상의 점수를 줄 때도 긍정적인 노트가 자세하고 구체적으로 있어야 한다 예: Rich, Buttery, Clean, Citrus, Delicate 등 긍정적인 표현. 커피가 식어감에 따른 변화까지도 노트에 모두 기재하며, 느껴지는 향미를 다양하고 자세하게 표현하되 상세한 표현을 하려고 없는 향미를 적지 않도록 유의한다.

같은 커피라도 로스팅에 따라 다른 향이 발현되기 마련인데, 로스팅의 차이로 크

Evaluation Scale

6.00 Good	7.00 Very Good	8.00 Excellent	9.00 Extraordinary
6.25	7.25	8.25	9.25
6.5		7.5	8.5 9.5
6.75	7.75	8.75	9.75

게는 떫거나 astringent 쓰거나 bitter 분필 같은 chalky, 텁텁하고 거친 rough 질감이거나 싱겁거나 watery 단맛이 없이 중간이 빈 Flat 듯한 맛이 로스팅 과정 중의 결함으로 날 수 있으며, 작게는 섬세한 향의 발현 정도가 다르다.

향의 종류 가운데 땅콩, 종이, 나무, 흙 등과 같은 어두운 향미는 부정적인 향미이며, 단맛을 동반한 산뜻한 과일, 베리, 꽃, 꿀과 같은 화사한 향미는 좋은 향미로 평가받는다. 로스팅에 따라 같은 커피나 같은 로스팅 포인트에서도 위에서 말한 뉘앙스의 차이를 갖기도 한다.

Ⅳ 결점두 종류와 핸드픽 실습

결점두Defect bean는 그린커피 중에 결함이 있는 콩으로, 발생 원인은 매우 다양하며 로스팅과 맛에 좋지 않은 영향을 주기 때문에 로스팅 전에 핸드픽hand pick을 하여 선별한다. 결점두 분류에 따라 등급이 정해지는 스페셜티 커피는 치명적인 영향을 주는 프라이머리 디펙트가 없다. 따라서 스페셜티커피 로스팅에서는 로스팅 전 핸드픽 여부가 중요하지 않을 수 있으나 일반적인 등급의 커머셜에서는 작은 결점두 하나가 컵의 품질에 영향을 줄 수 있으므로 핸드픽을 통하여 결점이 될 만한 요소를 제거하는 것도 좋은 원두를 생산하기 위한 노력이라 할 수 있다.

결점두는 수확 과정에서도 발생하지만 이후의 가공의 전 과정에서 발생할 수 있다. 결점두의 원인은 종류에 따라 한 가지 이상인 경우도 많으며 결점두의 종류와 명칭 등은 지역이나 국가 등에 따라 상이하지만 일반적으로 스페셜티커피협회SCA의 기준에 의한 분류를 사용한다.

1. 결점두의 종류

결점두는 부정적인 영향이 강력한 치명적인 프라이머리 디펙트Primary Defects와 부정적인 영향이 적은 세컨더리 디펙트Secondary Defects로 나뉜다.

1) 블랙빈Black bean

내부나 외부 표면이 완전히 검은색으로 외부적으로 충격을 받지 않고 색깔이 검게 변질된 경우에만 해당한다. 체리가 너무 늦게 수확되었거나 흙과 접촉하여 발효한 경우에 생긴다. 이 결점두는 로스팅 시 2차 크랙이 일어나지 않으며 칙칙하고 칙칙한 색을 띈다. 불쾌한 아로마와 텁텁한 쓴맛이 난다.

2) 발효된 빈 Sour bean

전체적으로 노르스름하거나 불그스레한 갈색을 띠며, 과숙한 체리나 땅에 떨어진 체리를 수확하거나 가공 과정에서 오염된 물, 과습 상태에서 나무에 계속 매달린 채 발효된 경우에 생긴다. 불균일한 로스팅이 되며 옅은 색상을 띤다. 식초 같은 신맛과 산패된 와인맛, 혹은 맵고 불쾌한 신맛이 난다.

3) 건조된 체리 Dried Cherry/Husk/Pod

일부 혹은 전부가 마른 껍질 husk에 싸여 있는 드라이 프로세싱 중 잘못된 탈곡으로 생긴다. 로스팅 시 발화의 위험이 있다. 흙냄새와 깔끔하지 못한 향이 난다.

4) 곰팡이 핀 빈 Fungus

그린커피에 곰팡이가 피어 노란색이나 적갈색을 띤다. 주로 유통 과정에서 보관 온도와 습도가 맞지 않아 발생한다. 아로마와 플레이버가 감소하고 탁하고 곰팡이향이 난다.

5) 이물질 Foreign matter

돌이나 나뭇가지 등 커피 이외의 이물질로 수확이나 선별 과정에서 제거하지 못한 경우에 발생하며, 특히 돌은 그라인더 날에 심각한 손상을 입힐 수 있다. 나뭇가지 같은 이물질은 로스팅 시 발화의 위험이 있다.

6) 벌레 먹은 빈 Insect damage Bean

주로 천공충에 의해 발생하며 외관에 1개 이상의 구멍이 뚫려있다. 지름 0.3~1.5mm의 구멍을 3개 이상 뚫려 있는 경우 프라이머리 디펙트에 해당한다. 구멍과 함께 푸른색 곰팡이가 함께 발생하기도 한다. 내부가 뚫려 있어 로스팅 시 더 많이 로스팅되며, 아로마와 플레이버가 감소하고 불쾌한 맛과 향이 발생한다.

7) 조개껍질 모양의 빈 Shell bean

얇은 조개껍질이나 귀 모양을 한 기형적인 생두로 유전적인 요인에서 발생한다. 로스팅 시 불균일하게 볶이기 때문에 더 어둡게 로스팅될 가능성이 크다. 케냐의 그린커피에서 자주 발생하며 탄맛이나 쓴맛의 원인이 되기도 한다.

8) 깨지고 부서진 빈 Broken/Chipped/Cut bean

깨진 그린커피 혹은 그 조각을 뜻한다. 잘못된 펄핑이나 탈곡 과정에서 발생한다. 로스팅 시 균일하게 볶이지 않는다. 흙 내음이나 강한 로스팅 시 탄맛의 원인이 될 수 있다.

9) 파치먼트 Parchment

탈곡되어야 하는 건조된 파치먼트가 벗겨지지 않고 완전히 혹은 부분적으로 감싸고 있는 형태로서 불완전한 탈곡 시 파치먼트가 벗겨지지 않아 발생한다. 로스팅 시 발화의 위험이 있으나 맛이나 향에는 큰 영향을 미치지 않는다.

10) 물에 뜨는 빈 Floater

하얗게 색이 바랜 생두로 가벼워서 물에 뜨는 것이 특징이며 잘못된 건조나 보관, 가공 후 수분이 빠진 경우 발생한다. 로스팅 시 내부가 덜 익으나 겉은 거무스름해지는 특징이 있으며 신선한 느낌이 없는 밋밋한 맛과 향으로 커피의 컵 퀄리티를 떨어트린다.

11) 미성숙 빈 Immature/Unripe bean

덜 익은 체리를 가공할 때 발생한다. 진한 녹색이 특징으로 끝이 날카로운 보트 형태를 하고 있다. 로스팅 시 불균일하게 볶이며 옅은 색상을 띠게 된다. 풋내와 비릿한 맛이 날 수 있으며 톡 쏘는 듯한 맛이 난다.

12) 주름진 빈 Withered bean

건포도 같이 주름지고 작고 기형인 생두로 발육 기간 동안 과도한 햇빛과 부족한 수분 공급으로 인해 발생한다. 로스팅 시 큰 영향을 주지는 않으나 풋내와 약간의 비릿한 맛이 날 수 있다.

2. 프라이머리 디펙트와 세컨더리 디펙트

프라이머리 디펙트(Primary Defects)	세컨더리 디펙트(Secondary Defects)
맛에 치명적인 결점두	맛에 비교적 부정적인 영향이 적은 결점두
Full Black : 내부나 외부 표면이 완전히 검은 것	Partial Black : 내부나 외부 표면이 부분적으로 검은 것
Full Sour : 전체적으로 노르스름하거나 불그스레한 갈색을 띤 발효된 것	Partial Sour : 부분적으로 노르스름하거나 불그스레한 갈색을 띤 발효된 것
Severe Insect Damage : 해충이 지름 0.3~1.5mm의 구멍을 3개 이상 뚫어 놓은 것	Slight Insect Damage : 해충이 지름 0.3~1.5mm의 구멍을 1~2개 뚫어 놓은 생두
Dried Cherry/Pod	Parchment
Fungus Damaged	Floater
Foreign Matter	Immature
Severe Insect Damage	Withered
	Shell
	Broken/Chipped/Cut
	Hull/Husk

3. 핸드픽 실습

　핸드픽을 할 때는 밝은 생두의 색깔이 잘 보이도록 검정색이나 어두운 계열의 색상의 보드판 위에 펼쳐 놓고 결점두를 고른다.

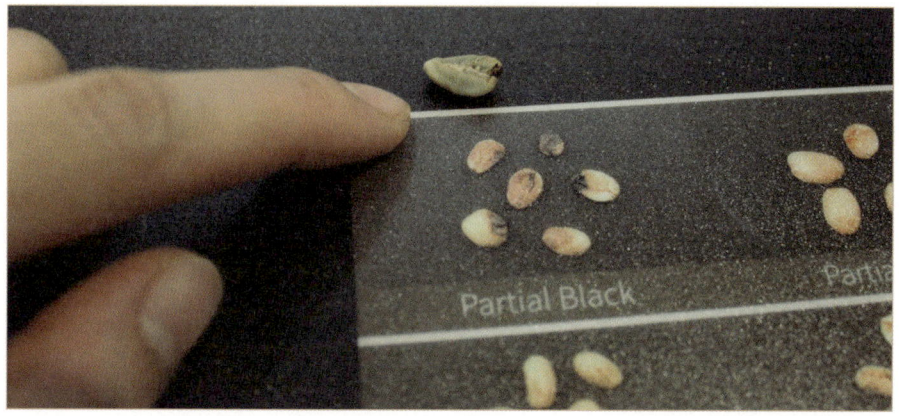

　결점두에 대해서 어느 정도 분별력이 생길 때까지는 각각의 결점두 사진들을 참고하여 비교하면서 분류한다.

ROAST MASTER

Chapter 3

로스터의
구조 및 특성

Ⅰ 로스터의 종류
Ⅱ 로스터의 구조
Ⅲ 로스터의 청소 및 유지보수

I 로스터의 종류

 커피로스터는 그린빈에 다양한 열전달 방식과 공기흐름을 통해 고르게 로스팅을 할 수 있도록 고안된 가열 기구이다. 커피로스터는 열전달 방식에 따라 직화식, 반열풍식, 열풍식으로 나눌 수 있다. 또한, 오늘날에는 기술 발전과 더불어 로스터기의 구조가 변함에 따라 구조에 따른 분류로 드럼 방식 구조, 유동층 구조, 재순환 방식 구조 등으로 나눌 수 있으며 스마트로스터들도 등장하고 있다.

1. 구조에 따른 분류

1) 드럼 방식 구조

 드럼 방식의 로스터는 원통형의 열전도가 좋은 금속 등을 사용하여 가로축으로 회전하며 열원을 통해 직접 가열하거나 간접적으로 가열하여 가열 된 공기나 열을 드럼 안으로 넣어주어 로스팅하는 방식이다.

 드럼 방식 구조는 싱글 드럼과 더블 드럼이 있다. 더블 드럼은 두 겹의 철판을 짧은 간격을 두고 만든 2중 구조로 열원이 그린빈을 직접 가열할 수 없으며 열전도를 낮춰 그린빈이 타는 일을 방지할 수 있다.

[사진 1-1] 싱글 드럼 [사진 1-2] 더블 드럼

2) 유동층 구조

　유동층 구조의 로스터는 그린빈이 들어 있는 챔버에 고온의 공기를 넣어주어 그린빈을 띄워 회전시키며 로스팅하는 방식이다. 고온의 공기를 활용하여 빠른 로스팅이 가능하면 고른 열전달을 할 수 있는 방식이다. 유동층 구조의 로스터는 로스팅이 끝나면 공기를 흡입하는 방식이나 외부공기를 넣는 방식으로 원두를 냉각 시켜준다.

[그림 1-1] 유동층 구조의 그린빈의 움직임 변화

3) 재순환 구조

재순환 구조 로스터는 일반적인 로스터의 대류열 방향과는 반대방향으로 순환하는 구조로 되어있다. 싸이클론 내부 버너에서 발생한 대류열이 반대로 회전하는 배기팬을 통해 드럼으로 유입되는 방식이다.

한번 사용된 열은 바로 밖으로 배출되지 않고 재순환되어 드럼으로 보내주어 열효율이 높은 장점을 가지고 있다. 외부에서 유입되는 공기가 없어 열조절도 효율적으로 가능하다.

[그림 1-2] 재순환 구조 로스터의 흐름

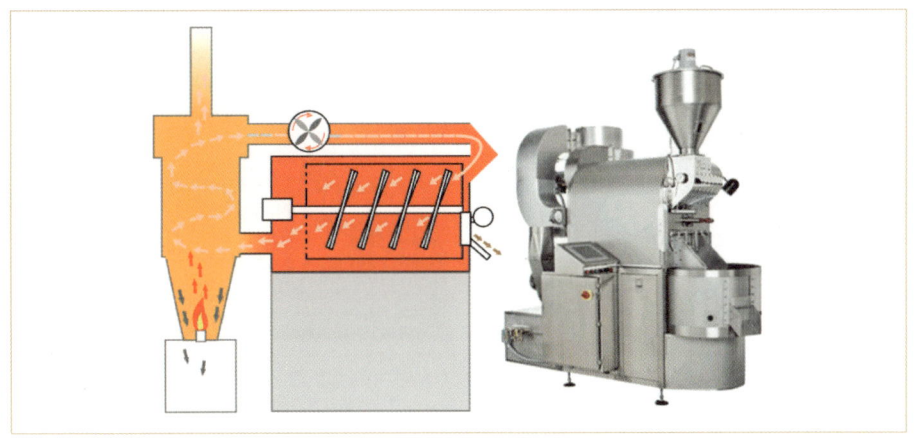

[사진 1-3] 재순환 구조의 로스터

4) 스마트 로스터

스마트 로스터는 기술에 발전에 따라 새로운 방식의 전기 로스터이다. 전기를 사용하여 로스팅하며 터치패드를 사용하거나 wi-fi를 통해 핸드폰으로 조절이 가능하며 프로파일 저장 및 재현 등 여러 가지 새로운 기능들과 기술이 표현 된 로스터이다. 대표적으로 우리나라의 스트롱홀드가 있다.

[사진 1-4] 스트롱 홀드 S9

[사진 1-5] 스트롱 홀드 S9 내부 구조

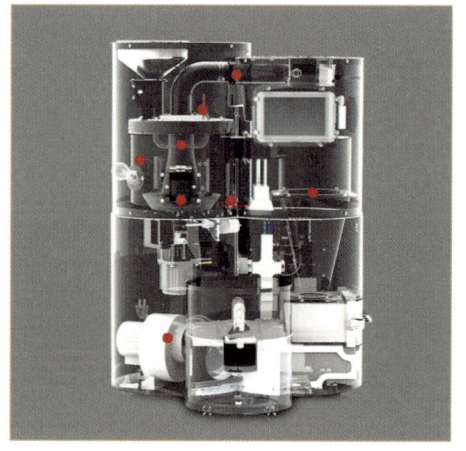

[사진 1-6] 이카와 로스터

2. 열전달 방식에 따른 분류

1) 직화식

직화식은 로스터 내부의 드럼에 뚫려 있는 구멍을 통해 그린빈에 불이 직접 닿아 로스팅이 이루어지는 방식이다. 직화식은 커피 전용 로스팅 머신으로서 처음으로 만들어진 방식이다. 직화식은 즉각적인 화력 조절이 가능하여 다양한 방식으로 로스팅이 가능하며 로스팅 포인트 조절이 용이하다.

직화식의 단점으로는 불꽃이 직접 드럼에 닿아 그린빈이 쉽게 탈수 있으며 다른 방식에 비해 열전달이 고르지 않아 일정한 로스팅을 하기에 쉽지 않다.

[사진 1-7] 직화식 로스터 후지로얄

[그림 1-3] 직화식 드럼 구조

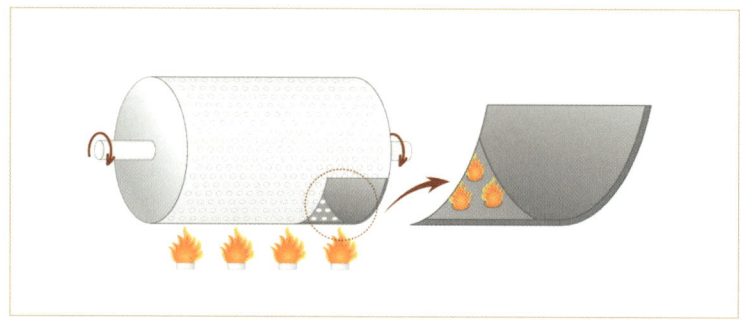

2) 반열풍식

반열풍식은 현재 가장 많이 사용하는 방식이기도 하며 드럼에 구멍이 뚫려있지 않아 불꽃이 직접 그린빈에 닿지 않는다. 불꽃이 드럼을 가열하여 열전도를 이용하여 간접적으로 그린빈을 가열하며 열에 의해 생성된 뜨거운 열풍이 드럼 내부로 들어가 대류를 일으켜 로스팅하는 방식이다. 직화식에 비해 열전달이 균일하며 일정한 로스팅을 하기에 용이하며 비교적 빠른 시간에 로스팅이 가능하다.

[그림 1-4] 반열풍식 드럼 구조

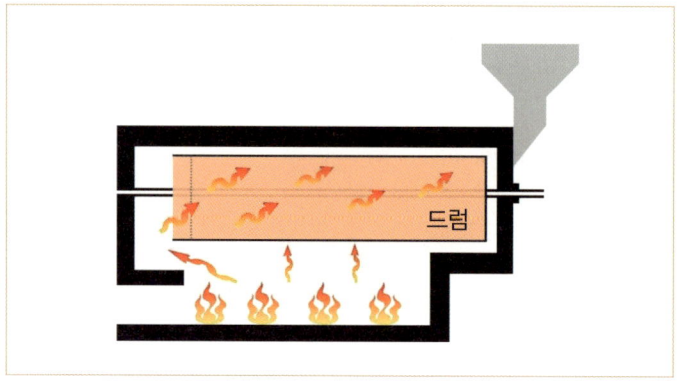

[사진 1-8] 반열풍식 로스터 THCR-1

3) 열풍식

열풍식은 열원이 드럼에 직접 닿지 않으며 뜨거운 공기를 드럼 안으로 보내주어 로스팅하는 방식이다. 열풍 로스팅은 그린빈의 수분을 빠르게 빼주고 단시간에 균일한 로스팅을 할 수 있다. 열풍식은 드럼 방식이 아닌 다른 형태로도 존재하며 가열된 열풍에 의해 그린빈이 공중에 뜬 상태로 로스팅을 하는 방식이 있다. 소규모, 소형 로스팅에 적합한 방식이기도 하며 가정용 로스터로도 많이 쓰이고 있다.

[그림 1-5] 열풍식 드럼 구조

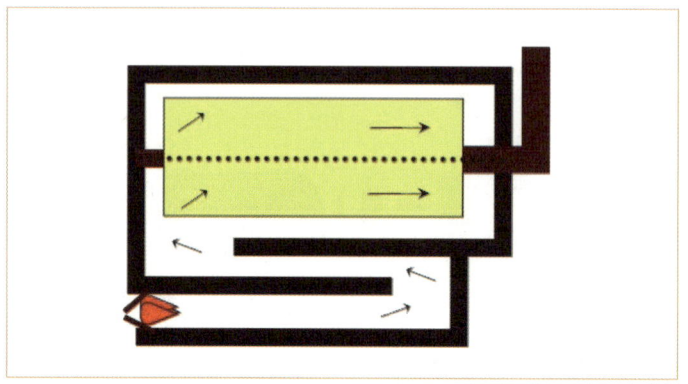

[사진 1-9] 열풍식 로스터 ESSO

로스터의 구조

로스터의 구조는 크게는 비슷하지만 세부적으로는 로스터 회사 특성마다 조금씩 다르다. 로스터의 구조를 알고 활용할 수 있어야 좋은 품질의 원두를 얻을 수 있다.

[사진 2-1] THCR-01 구조 및 명칭앞면

[사진 2-2] THCR-01 구조 및 명칭 뒷면

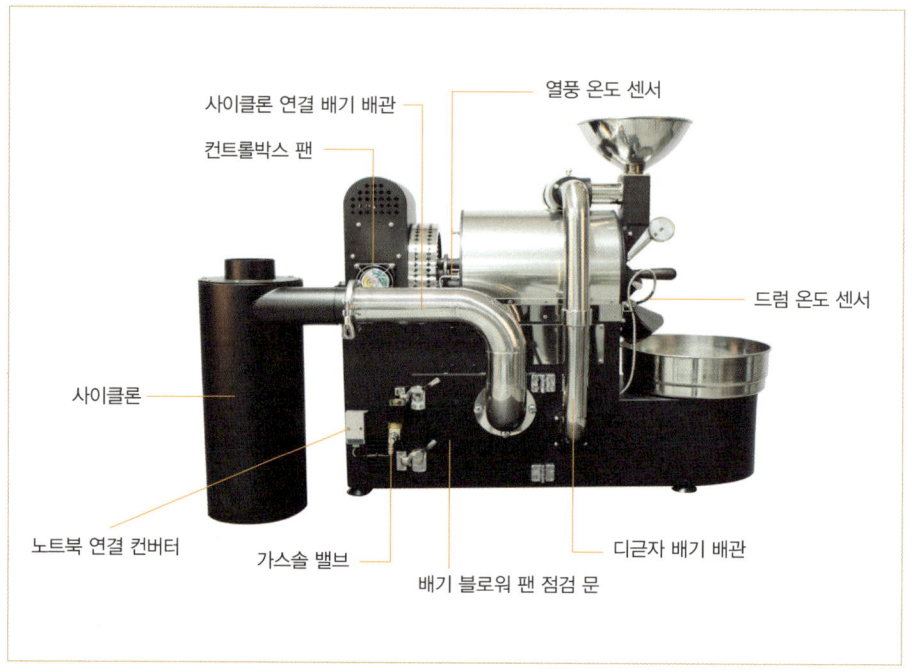

1. 호퍼 Hopper

호퍼는 예열된 로스터의 드럼 내부로 준비한 그린빈을 투입하기 위하여 미리 담아두는 통의 일종이다. 로스터 예열이 완료되면 수동 또는 자동으로 투입구를 열어 그린빈을 투입한다.

[사진 2-3] 수동 호퍼　　　　[사진 2-4] 스트롱홀드 S7 자동 호퍼

2. 드럼 Drum

드럼은 그린빈이 담겨져 로스팅이 되는 공간으로 드럼의 크기에 따라 그린빈의 투입량이 결정된다. 드럼 내부에는 그린빈이 충분히 섞일 수 있도록 교반 날개가 달려있으며 회전축을 기준으로 돌며 열을 골고루 전달해준다. 드럼은 로스팅 이전에 충분히 예열을 해주어야 한다.

[사진 2-5] 가로형 드럼　　　　[사진 2-6] 스트롱홀드 S7 세로형 드럼

3. 샘플러 Sampler

샘플러는 샘플러 이외에 여러 가지 이름으로 불리며 로스팅을 하는 도중에 소량의 원두를 꺼내어 볼 수 있는 기구이다. 콩의 색, 형태, 향 등을 확인할 수 있으며 확인한 사항에 따라 로스팅에 적절한 변화를 줄 수 있다. 로스터에 따라 샘플러를 많은 횟수 꺼내어 보면 로스팅 온도에 영향을 주는 경우도 있다.

[사진 2-7] 기센 W1 샘플러

4. 쿨러 Cooler

쿨러는 로스팅이 완료되어 배출된 원두를 식혀주는 역할을 하는 기구이다. 로스팅이 끝나도 원두는 많은 열을 가지고 있기 때문에 원하는 포인트의 원두를 얻기 위해서는 쿨러를 통해 원두를 빠르게 식혀주어야 한다. 쿨러에는 외부에서 공기가 유입되어 식히는 방식과 공기를 빨아들여 식히는 방식 등이 있다.

[사진 2-8] THCR-06 쿨러

5. 댐퍼 Damper

댐퍼는 드럼 내부의 열이나 연기 등을 내보내주는 연통 사이를 개폐해주는 장치이다. 댐퍼를 조절해줌으로써 드럼 내부의 열이나 향미, 연기의 배출을 조절하며 원두에 여러 변화를 줄 수 있다. 댐퍼가 모든 로스팅 머신에 달려 있는 것은 아니다.

[사진 2-9] THCR-01 상부 댐퍼

[사진 2-10] THCR-01 하부 댐퍼

6. 사이클론 Cyclone

사이클론은 로스팅 시 그린빈에서 나오는 실버스킨이나 가루 등을 외부로 나가지 않게 해주며 이들을 모아주는 장치이다. 사이클론 하부에 열원이 달려 있는 구조도 있으며 위에 소개했던 재순환 구조에 사용되기도 한다. 사이클론 하부에 모여 있는 채프는 주기적으로 비워주어야 로스팅이 더 원활히 이루어진다.

[사진 2-11] 기센 W15 사이클론

[그림 2-1] 사이클론 흐름도

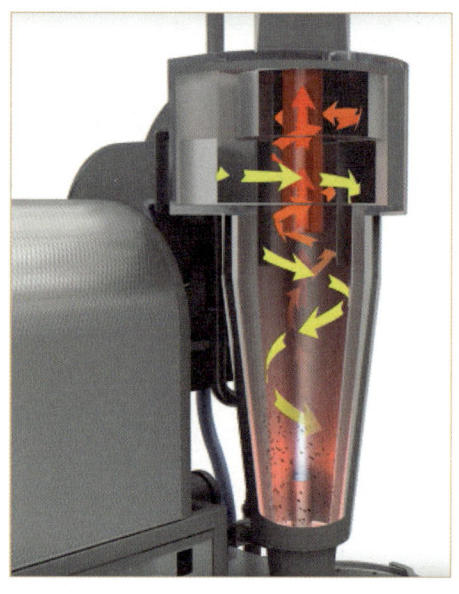

7. 열원 장치

일반적인 로스터에서는 버너라고 부르며 로스터에 열의 가해주는 장치이다. 가스를 통한 직접적인 불을 사용하기도 하며 적외선을 사용한 열원 할로겐을 사용한 열원 등 다양한 열원장치들이 존재한다.

[사진 2-12] 직화식 버너 열원 장치

[사진 2-13] 적외선 열원 장치

[사진 2-14] 스트롱홀드 S9 할로겐 열원 장치

8. 온도 조절 장치

로스터의 온도를 조절해주는 장치이며 현재 상태를 표시해주는 장치이기도 하다. 다양한 종류의 조절 장치들이 있으며 온도 조절뿐만 아니라 원두의 배출이나 로스팅 그래프 등을 표시해주는 기능도 있다.

[사진 2-15] 기센 컨트롤 박스

[사진 2-16] 태환 컨트롤 박스

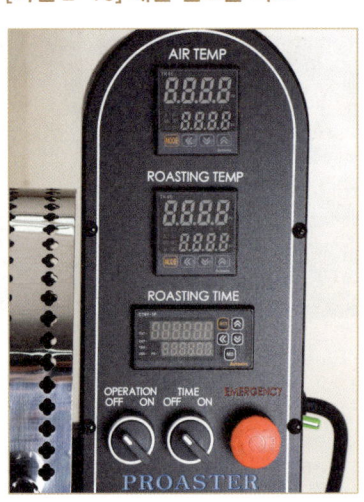

[사진 2-17] 스트롱홀드 컨트롤 패드

III. 로스터의 청소 및 유지보수

주기적인 청소는 로스터기의 로스팅 컨디션과 로스팅된 원두의 상태에 많은 영향을 준다. 청소 주기는 보통 6개월 정도면 적당하지만 로스팅 횟수가 많을수록 주기는 짧아지게 된다. 청소가 주기적으로 이루어지지 않으면 원두에서 잡미 또는 탄맛이 날 수 있으며 점화 장치에 불이 잘 붙지 않는 경우도 생기게 된다.

1. 로스터기 청소

[사진 3-1] THCR-01의 댐퍼, 브로어, 배관

로스터의 배기에 관련된 브로어, 댐퍼, 배관 등의 주기적인 청소가 필요하다.
배관을 먼저 분리하고 댐퍼와 브로어가 있는 모터 부분을 분리한 후 청소를 해주어야 한다.

[사진 3-2] 배관의 청소 전후

[사진 3-3] 댐퍼의 청소 전후

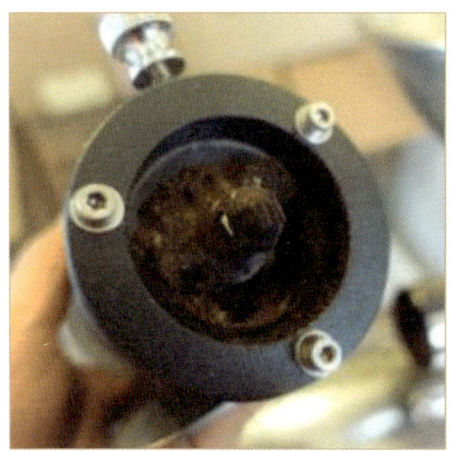 

[사진 3-4] 브로어의 청소 전후

　위의 사진들과 같이 배관, 댐퍼, 브로어 등에는 커피 체프나 찌꺼기 등이 많이 쌓여 있을 수 있다. 주기적인 청소를 해주어야 원하는 프로파일의 원두를 만들기 쉬우며 로스터의 수명도 길어진다.

ROAST MASTER

Chapter 4

로스팅 실전

I 가공 방식별 로스팅
II 대륙별 로스팅
III 단계별 로스팅

1 가공 방식별 로스팅

목표
프로세싱이 다른 그린커피를 선택하여 적정 그레이드까지 로스팅할 수 있다.

[사진 1-1] 이지스터 로스터의 쿨러

커피체리가 프로세스 과정을 통해 과육이 발효되면 그 영양분이 그린커피에 흡수되고 커피 고형분이 늘어난다.

그린커피가 체리의 영양분을 흡수하는 능력은 품종마다 조금씩 차이가 있고 재배지의 기후나 토양 같은 환경적 요인과 프로세스에 따라서도 달라질 수 있으며 로스터는 원하는 로스팅과 추출의 방향을 고려해 그에 맞는 품종과 프로세스를 선별할 줄 알아야 한다.[1]

1. 워시드 프로세싱 Washed processing

로스팅 일지	
날짜	
기온	
습도	

※ 당일의 날씨와 기온, 습도를 확인하면 좀 더 일정한 로스팅에 도움을 줄 수 있다.

사용될 그린커피의 정보	
산지	
프로세싱	
수분 함량	
결점두	

※ 로스팅 전 수분 함량과 결점두를 체크하여 분류한다.

---

1) 유승권, "로스팅 크래프트", 아이비라인, p.18.

로스팅 계획표	
그린커피 사용량	
투입 온도	
배출 온도	

※ 로스팅 전 계획표를 수립하여 일관성 있는 로스팅을 할 수 있도록 한다.

로스팅 결과	
원두 배출량	
로스팅 수율	
아그트론 수치	

※ 로스팅 후에는 투입량과 배출량으로 수율을 계산하고 아그트론 수치를 재어 로스팅 전 계획표대로 로스팅되었는지 확인하는 습관이 필요하다.

로스팅 프로파일				
시간(Time)	빈 온도(Bean)	에어 온도(Air)	열량	기타사항

로스팅 프로파일				
시간(Time)	빈 온도(Bean)	에어 온도(Air)	열량	기타사항

2. 내추럴 프로세싱 Natural processing

로스팅 일지	
날짜	
기온	
습도	

※ 당일의 날씨와 기온, 습도를 확인하면 좀 더 일정한 로스팅에 도움을 줄 수 있다.

사용될 그린커피의 정보	
산지	
프로세싱	
수분 함량	
결점두	

※ 로스팅 전 수분 함량과 결점두를 체크하여 분류한다.

로스팅 계획표	
그린커피 사용량	
투입 온도	
배출 온도	

※ 로스팅 전 계획표를 수립하여 일관성 있는 로스팅을 할 수 있도록 한다.

로스팅 결과	
원두 배출량	
로스팅 수율	
아그트론 수치	

※ 로스팅 후에는 투입량과 배출량으로 수율을 계산하고 아그트론 수치를 재어 로스팅 전 계획표대로 로스팅되었는지 확인하는 습관이 필요하다.

로스팅 프로파일				
시간(Time)	빈 온도(Bean)	에어 온도(Air)	열량	기타사항

3. 허니 프로세싱 Honey processing

로스팅 일지	
날짜	
기온	
습도	

※ 당일의 날씨와 기온, 습도를 확인하면 좀 더 일정한 로스팅에 도움을 줄 수 있다.

사용될 그린커피의 정보	
산지	
프로세싱	
수분 함량	
결점두	

※ 로스팅 전 수분 함량과 결점두를 체크하여 분류한다.

로스팅 계획표	
그린커피 사용량	
투입 온도	
배출 온도	

※ 로스팅 전 계획표를 수립하여 일관성 있는 로스팅을 할 수 있도록 한다.

로스팅 결과	
원두 배출량	
로스팅 수율	
아그트론 수치	

※ 로스팅 후에는 투입량과 배출량으로 수율을 계산하고 아그트론 수치를 재어 로스팅 전 계획표대로 로스팅되었는지 확인하는 습관이 필요하다.

로스팅 프로파일				
시간(Time)	빈 온도(Bean)	에어 온도(Air)	열량	기타사항

II 대륙별 로스팅

목표
대륙별로 생산된 그린커피를 선택하여 적정 로스팅 그레이드까지 로스팅할 수 있다.

[사진 2-1] 프로밧 로스터

그린커피는 재배되는 토양과 기후, 환경에 따라 그 맛과 향이 달라진다. 재배 국가에 따라 개성적인 환경과 고도, 토양을 가지고 있으며 로스터는 이를 이해하고 그 특성에 맞는 로스팅 프로파일을 만들어야 한다.

1. 아프리카

로스팅 일지	
날짜	
기온	
습도	

※ 당일의 날씨와 기온, 습도를 확인하면 좀 더 일정한 로스팅에 도움을 줄 수 있다.

사용될 그린커피의 정보	
산지	
프로세싱	
수분 함량	
결점두	

※ 로스팅 전 수분 함량과 결점두를 체크하여 분류한다.

로스팅 계획표	
그린커피 사용량	
투입 온도	
배출 온도	

※ 로스팅 전 계획표를 수립하여 일관성 있는 로스팅을 할 수 있도록 한다.

로스팅 결과	
원두 배출량	
로스팅 수율	
아그트론 수치	

※ 로스팅 후에는 투입량과 배출량으로 수율을 계산하고 아그트론 수치를 재어 로스팅 전 계획표대로 로스팅되었는지 확인하는 습관이 필요하다.

로스팅 프로파일				
시간(Time)	빈 온도(Bean)	에어 온도(Air)	열량	기타사항

로스팅 프로파일				
시간(Time)	빈 온도(Bean)	에어 온도(Air)	열량	기타사항

2. 중남미

로스팅 일지	
날짜	
기온	
습도	

※ 당일의 날씨와 기온, 습도를 확인하면 좀 더 일정한 로스팅에 도움을 줄 수 있다.

사용될 그린커피의 정보	
산지	
프로세싱	
수분 함량	
결점두	

※ 로스팅 전 수분 함량과 결점두를 체크하여 분류한다.

로스팅 계획표	
그린커피 사용량	
투입 온도	
배출 온도	

※ 로스팅 전 계획표를 수립하여 일관성 있는 로스팅을 할 수 있도록 한다.

로스팅 결과	
원두 배출량	
로스팅 수율	
아그트론 수치	

※ 로스팅 후에는 투입량과 배출량으로 수율을 계산하고 아그트론 수치를 재어 로스팅 전 계획표대로 로스팅되었는지 확인하는 습관이 필요하다.

로스팅 프로파일				
시간(Time)	빈 온도(Bean)	에어 온도(Air)	열량	기타사항

3. 아시아

로스팅 일지	
날짜	
기온	
습도	

※ 당일의 날씨와 기온, 습도를 확인하면 좀 더 일정한 로스팅에 도움을 줄 수 있다.

사용될 그린커피의 정보	
산지	
프로세싱	
수분 함량	
결점두	

※ 로스팅 전 수분 함량과 결점두를 체크하여 분류한다.

로스팅 계획표	
그린커피 사용량	
투입 온도	
배출 온도	

※ 로스팅 전 계획표를 수립하여 일관성 있는 로스팅을 할 수 있도록 한다.

로스팅 결과	
원두 배출량	
로스팅 수율	
아그트론 수치	

※ 로스팅 후에는 투입량과 배출량으로 수율을 계산하고 아그트론 수치를 재어 로스팅 전 계획표대로 로스팅되었는지 확인하는 습관이 필요하다.

로스팅 프로파일				
시간(Time)	빈 온도(Bean)	에어 온도(Air)	열량	기타사항

III 단계별 로스팅

목표
대륙별로 생산된 그린커피를 선택하여 적정 로스팅 그레이드까지 로스팅할 수 있다.

[표 1-1] 로스팅 단계 분류법

SCA 분류법			일본식 8단계 분류법	
Very Light	#95		라이트	L-31.2
Light	#85		시나몬	L-27.3
Moderately Light	#75		미디엄	L-24.2
Light Medium	#65		하이	L-21.5
Medium	#55		시티	L-18.5
Moderately Dark	#45		풀시티	L-16.8
Dark	#35		프렌치	L-15.5
Very Dark	#25		이탈리안	L-14.2

그린커피는 로스팅 단계에 따라 발현하는 맛과 향의 차이가 확연하다. 로스터는 이 커피가 사용될 추출 시스템에 대하여 확실한 이해를 하고 있어야 하며 어떠한 맛과 향을 표현하고자 하는지에 따라 로스팅 프로파일의 결정이 이루어져야 한다.

1. 라이트 로스팅

로스팅 일지	
날짜	
기온	
습도	

※ 당일의 날씨와 기온, 습도를 확인하면 좀 더 일정한 로스팅에 도움을 줄 수 있다.

사용될 그린커피의 정보	
산지	
프로세싱	
수분 함량	
결점두	

※ 로스팅 전 수분 함량과 결점두를 체크하여 분류한다.

로스팅 계획표	
그린커피 사용량	
투입 온도	
배출 온도	

※ 로스팅 전 계획표를 수립하여 일관성 있는 로스팅을 할 수 있도록 한다.

로스팅 결과	
원두 배출량	
로스팅 수율	
아그트론 수치	

※ 로스팅 후에는 투입량과 배출량으로 수율을 계산하고 아그트론 수치를 재어 로스팅 전 계획표대로 로스팅되었는지 확인하는 습관이 필요하다.

로스팅 프로파일				
시간(Time)	빈 온도(Bean)	에어 온도(Air)	열량	기타사항

로스팅 프로파일				
시간(Time)	빈 온도(Bean)	에어 온도(Air)	열량	기타사항

2. 미디엄 로스팅

로스팅 일지	
날짜	
기온	
습도	

※ 당일의 날씨와 기온, 습도를 확인하면 좀 더 일정한 로스팅에 도움을 줄 수 있다.

사용될 그린커피의 정보	
산지	
프로세싱	
수분 함량	
결점두	

※ 로스팅 전 수분 함량과 결점두를 체크하여 분류한다.

로스팅 계획표	
그린커피 사용량	
투입 온도	
배출 온도	

※ 로스팅 전 계획표를 수립하여 일관성 있는 로스팅을 할 수 있도록 한다.

로스팅 결과	
원두 배출량	
로스팅 수율	
아그트론 수치	

※ 로스팅 후에는 투입량과 배출량으로 수율을 계산하고 아그트론 수치를 재어 로스팅 전 계획표대로 로스팅되었는지 확인하는 습관이 필요하다.

로스팅 프로파일				
시간(Time)	빈 온도(Bean)	에어 온도(Air)	열량	기타사항

3. 다크 로스팅

로스팅 일지	
날짜	
기온	
습도	

※ 당일의 날씨와 기온, 습도를 확인하면 좀 더 일정한 로스팅에 도움을 줄 수 있다.

사용될 그린커피의 정보	
산지	
프로세싱	
수분 함량	
결점두	

※ 로스팅 전 수분 함량과 결점두를 체크하여 분류한다.

로스팅 계획표	
그린커피 사용량	
투입 온도	
배출 온도	

※ 로스팅 전 계획표를 수립하여 일관성 있는 로스팅을 할 수 있도록 한다.

로스팅 결과	
원두 배출량	
로스팅 수율	
아그트론 수치	

※ 로스팅 후에는 투입량과 배출량으로 수율을 계산하고 아그트론 수치를 재어 로스팅 전 계획표대로 로스팅되었는지 확인하는 습관이 필요하다.

로스팅 프로파일				
시간(Time)	빈 온도(Bean)	에어 온도(Air)	열량	기타사항

로스팅 프로파일				
시간(Time)	빈 온도(Bean)	에어 온도(Air)	열량	기타사항

Chapter 5

블렌딩

Ⅰ 블렌딩이란?

1 블렌딩이란?

최초의 블렌딩 커피는 모카-자바로 알려져 있다. 인도네시아 커피와 예멘 또는 에티오피아 커피를 혼합하여 모카커피 특유의 과일 향과 꽃 향이 나는 신맛과 자바의 강한 바디가 조화를 이루는 커피가 탄생하였다. 블렌딩이란 이처럼 단종싱글 오리진 커피의 단조로움을 탈피하여 두 가지 이상의 특성이 서로 다른 커피를 혼합하여 새로운 맛과 향을 창조하는 것을 말한다.

통상 한 종류싱글 오리진의 커피만을 사용하면 커피의 모든 속성을 다 가지고 있기 어려우므로 느낌이 약할 수밖에 없다. 반면에 블렌딩 커피는 다양한 속성을 가지고 있어 훨씬 풍부하게 커피를 즐길 수 있다. 아래 도표를 보면 신맛을 지닌 싱글 오리

[도표1-1] 블렌딩과 싱글 오리진의 시간에 따른 맛의 변화 차이[1)]

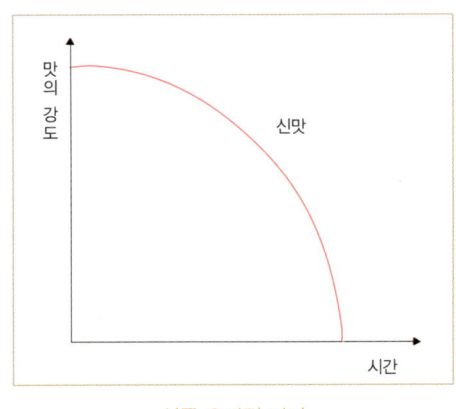
싱글 오리진 커피

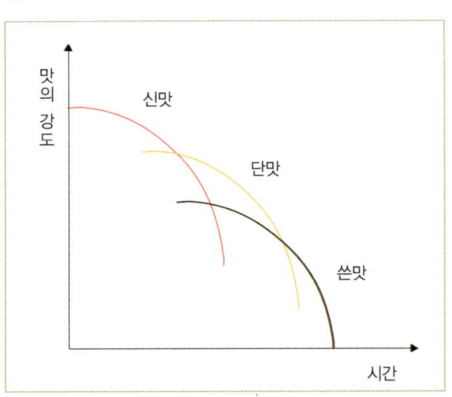
블랜딩 커피

1) 유대준, "커피 인사이드", 라이언컴퍼니, p.184.

진 커피는 그 신맛이 사라지면 다른 맛을 느낄 수 없지만, 여러 가지 맛이 나는 블렌딩 커피는 신맛이 사라지면 다른 맛을 느낄 수 있어 보다 다양한 맛을 오래 즐길 수 있고 안정적이라 할 수 있다.

블렌딩을 잘 하기 위해서는 원산지별 커피의 특성을 제대로 이해하고 있어야 하고, 일관된 로스팅이 이루어져야 하기 때문에 커피 블렌딩이야 말로 커피의 여러 분야 중 가장 어려운 작업으로 판단된다.

1. 블렌딩의 목적

1) 새로운 맛과 향을 창조
단종 커피 싱글 오리진에서 발견할 수 없었던 새로운 특성을 창조하기 위함으로 블렌딩은 기법 Tool이 아니라 예술 Art이라 할 수 있다.

2) 차별화된 커피를 만들기 위해 Signature blend
개인 커피숍이나 커피 체인점만의 특징적인 커피를 개발함으로써 다른 숍 또는 회사와 차별성을 부여해 고객에게 재구매를 유도하기 위해서이다.

3) 원가 절감을 위해서 Low cost blend
상대적으로 가격이 저렴한 커피를 혼합하거나 고가의 커피를 성격이 유사한 커피로 대체 사용함으로써 제조 원가의 평균을 낮출 수 있다.

2. 블렌딩 과정

블렌딩 방법은 꼭 원산지만 다른 것이 아니라 같은 커피라도 로스팅 정도가 다르거나 가공 방법이 상이하는 등 특성이 다른 커피를 혼합하는 것도 가능하다.

1) 원산지가 서로 다른 커피 블렌딩
가장 일반적인 방법으로 원산지가 서로 달라 그 맛과 향의 특성이 크게 차이가 나는 경우로 새로운 맛을 창조할 가능성이 매우 크다. 동일 국가라 하더라도 지역이 다른 경우도 포함된다.

예) 브라질 산토스 + 콜롬비아 수프리모

에티오피아 시다모 + 에티오피아 하라

2) 로스팅 정도가 서로 다른 커피 블렌딩
한 가지 생두를 로스팅 정도를 달리하여 블렌딩하는 방법인데, 로스팅 정도를 8단계로 분류했을 때 3단계 이상 차이가 나지 않는 것이 좋다.

예) Medium roast + Medium dark roas(○)

Light roast + Dark roas(×)

3) 가공 방법이 서로 다른 커피의 블렌딩
커피는 가공 방법에 따라 맛과 향이 상이하므로 이를 이용한 블렌딩 방법이다.

예) 브라질 Washed + 브라질 Natural

4) 품종이 서로 다른 커피의 블렌딩

품종이 서로 다른 커피를 조합하여 블렌딩하는 방법이다.

예) 브라질 Bourbon + 파푸아 뉴기니 Typica

3. 블렌딩 실전

1) 블렌딩 목표 설정

어떤 커피를 만들 것인지를 먼저 정해야 한다. 즉, 드립용 커피인지 아니면 에스프레소용 커피인지를 결정해야 한다. 드립용 커피로 정했다면, 신맛이 더 지속되고 향이 좋은 커피인지 아니면 단맛이 많이 느껴지며 바디가 강해 여운이 길게 가는 커피인지 방향을 정해야 한다. 에스프레소 커피를 만들 계획이라면 메뉴에 따라 내용이 달라지는데, 에스프레소로 마시는 경우에는 신맛과 향이 살아 있어야 하고 베리에이션용으로 사용할 거라면 바디감이 강하고 매끄러우며 다른 부재료가 혼합되어도 커피 맛을 느낄 수 있는 강한 커피로 만들어야 한다.

2) 생두의 선택

블렌딩에 사용될 커피의 선택을 편리하기 위해서 생두를 크게 세 가지로 분류하였다. 첫 번째 그룹은 신맛과 향이 좋은 그룹인데 같은 그룹이라 하더라도 신맛이 상큼한 신맛, 과일의 신맛, 톡 쏘는 신맛 등 조금씩 다르므로 선택에 주의해야 한다. 두 번째 그룹은 개성이 약한 생두로서 다른 생두들과 섞였을 때 잘 어울릴 수 있는 특성을 가지고 있는데, 브라질이 대표적이다. 브라질을 베이스로 하여 다른 커피와 혼합하는 일이 많은 이유가 바로 여기에 있다. 세 번째 그룹은 바디가 강한 커피로서 단맛을 표현할 수 있으며 애프터 테이스트를 강화시킬 수 있다.

1. 신맛, 향	2. 중성	3. 바디, 쓴맛
Yirgacheffe Sidamo Harrar P.N.G Dominica El Salvador Panama Tanzania Kenya Costa Rica	Brazil Mexico Nicaragua	Guatemala Colombia Peru Mandheling

3) 로스팅 정도 Roast degree 결정

선택된 커피별로 블렌딩 목적에 부합하는 포인트에 따라 로스팅을 한다. 단종 커피의 최적 로스팅정도와 블렌딩했을 때의 적정한 로스팅 정도는 다를 수 있음을 주의해야 한다.

4) 추출 및 평가

각 커피별로 로스팅을 하고 나면 배합 비율을 결정해야 하는데, 미리 정한 비율대로 혼합한 후 추출하여 각각의 맛과 향을 평가하여 최적의 비율을 찾아내야 한다. 이 비율을 결정하기 위한 방법으로는 핸드드립 추출보다 커핑이 효과적이다. 왜냐하면 핸드드립은 기술에 따라 맛의 차이가 날 수 있지만 커핑은 시간도 덜 소요되며 맛을 보다 객관적으로 평가할 수 있기 때문이다.

5) 재조정

원래 목표했던 대로 결과가 나오지 않을 경우에는 생두 선택을 다시 하거나 로스팅 정도를 달리하는 등 조건에 변화를 준 후 다시 추출을 하여 최적의 조합을 찾아낸다.

※ 주의해야 할 점

1) 블렌딩에 사용되는 커피의 수는 제한이 없다. 실제로 9종 블렌드 커피를 제조하여 판매하는 회사도 있으나 사용하는 커피의 종류가 너무 많으면 제조 과정이 지나치게 복잡해지고 관리와 일정한 로스팅 등 어려움이 많아진다. 현실적으로 6종이 넘지 않아야 하며 3~5가지 범위에서 선택하는 것이 좋다.

2) 원산지 명칭을 딴 블렌딩, 즉 '콜롬비아 블렌드'와 같은 경우에는 명칭으로 쓰인 커피를 적어도 30% 이상은 사용하는 것이 좋다.

3) 지나치게 특수한 커피를 블렌딩에 사용하면 지속적으로 생두를 구입할 수 없는 경우가 발생할 수 있으므로 안정적으로 구입할 수 있는 커피를 선택하는 것이 좋다.

4) 커피의 성격이 유사한 커피를 지나치게 중복해서 사용하는 것을 피한다. 예를 들어 신맛을 강조하기 위해 예가체프와 코스타리카, 케냐만 사용하는 경우 좋은 결과를 얻기 힘들다.

---

4. 블렌딩 방식

블렌딩 방식은 크게 두 가지가 있는데 각 커피별로 로스팅을 한 후에 비율에 따라 블렌딩 하는 방법후 블렌딩과 생두 상태에서 혼합한 후 동시에 로스팅하는 방법선 블렌딩이 있다. 방법에 따라 각각의 장단점이 있다.

1) 후 블렌딩 Post-roast blending

커피별로 각각 로스팅한 후 블렌딩하는 방식으로, 커피의 특성을 최대한 발휘할 수 있으며 커피 특성에 차이가 큰 경우 적합한 방식이다. 사용되는 커피의 종류만큼 로스팅해야 하므로 작업이 어렵고 항상 일정한 로스팅을 해야 하는 부담이 있다. 또한 블렌딩하고 난 후 단종별로 재고가 발생할 수 있으며 로스팅 정도가 달라 블렌딩 커피의 색상이 불균일하다. 최초의 적정한 블렌딩 비율을 결정할 때 주로 사용하는 방법이다.

2) 선 블렌딩 Pre-roast blending

커피를 미리 정해 놓은 블렌딩 비율대로 생두 상태에서 혼합한 후 동시에 로스팅을 하는 방식으로, 로스팅을 하는 동안 커피의 플레이버가 통일성을 가질 수 있는 장점이 있다. 항상 한 번만 로스팅을 하므로 편리하다. 블렌딩 커피의 색상이 균일하고 재고 부담이 없으며 상대적으로 균일한 커피 맛을 낼 수 있는 반면, 커피의 특성에 차이가 큰 경우에는 적용이 어렵고 적정한 로스팅 정도를 결정하기 어려운 단점이 있다.

5. 블렌딩 예시

현실적으로 블렌딩이 꼭 필요한 경우가 바로 에스프레소이다. 왜냐하면 에스프레소는 하나의 추출 방법으로 한 가지 커피만을 사용해도 무방하나 에스프레소의 특성인 복합적인 맛을 만족시키기 위해서는 특성이 다른 여러 가지 커피를 블렌딩할 수밖에 없기 때문이다. 그런데 선택할 수 있는 생두의 종류가 굉장히 많은 것 같지만 생두의 안정적 공급 여부나 특정 생두의 가격 폭등에 따른 선택의 어려움 등을 고려하면 실제로 블렌딩에 사용할 수 있는 생두의 가짓수는 제한적일 수밖에 없다. 아래의 블렌딩은 하나의 예로서, 로스팅 포인트는 실제로 혼합해서 한 번에 하는 경우가 많으나 여기서는 앞서 설명한 각 생두별 로스팅 포인트에 맞춰 각각 하는 것으로 하였다.

1) 신맛과 부드러운 뒷맛을 느낄 수 있으며 아메리카노에 적합한 블렌드

브라질 Natural	에티오피아 Yirgacheffe	과테말라 Antigua	콜롬비아 Huila
40%	15%	20%	25%

2) 향은 약하지만 바디가 강하며 단맛이 좋은 블렌드로 라떼나 베리에이션용으로 적합한 블렌드

브라질 Natural	과테말라 Antigua	콜롬비아 Medelin	만델링 G2
40%	20%	25%	15%

3) 강한 향과 풀 바디의 커피로 라떼나 아메리카노에 적합한 블렌드

콜롬비아 Huila	브라질 Natural	케냐 AA	과테말라 Antigua
40%	20%	15%	25%

4) 풍부한 향과 부드러운 신맛이 나는 커피로 아메리카노나 라떼에 적합한 블렌드

파푸아뉴기니 Sigri	도미니카 AA	온두라스 SHG	페루 Chanchamayo
40%	20%	15%	25%

5) 단맛과 강한 바디, 풍부한 크레마를 가진 커피로 이태리식 에스프레소에 적합한 블렌드

브라질 Natural	도미니카 AA	페루 Chanchamayo	인도 로부스타
40%	20%	15%	25%

6) 감귤류의 신맛과 감칠맛이 좋은 블렌드

에티오피아 Limu	과테말라 Antigua	케냐 AA	탄자니아 AA
40%	20%	15%	25%

7) 명확한 신맛을 느낄 수 있는 동시에 뒤쪽에 단맛이 남아 있는 블렌드

과테말라 Guatemala	코스타리카 Tarrazu	파푸아 뉴기니 Sigri
40%	20%	15% 25%

8) 강한 신맛과 단맛, 과일 향을 느낄 수 있는 블렌드

콜롬비아 Narino	브라질 P/N	파푸아 뉴기니 Sigri	엘살바도르 SHG
40%	20%	15%	25%

ROAST MASTER

부록

Ⅰ 로스트마스터 실기평가
Ⅱ 한국로스팅챔피언십 입상자 블렌딩 프로파일
Ⅲ 각종 상업용 로스터 소개
Ⅳ 로스팅 용어사전
Ⅴ 로스트마스터 기출문제

Ⅰ 로스트마스터 실기평가

1. 로스트마스터 표준 커리큘럼

순번	교재 목차	내용	
1	1강 그린커피	그린커피	
		1-1	그린커피의 분류 및 특성
		1-2	환경과 가공 과정에 따른 그린커피의 특징
		1-3	그린커피의 수분율과 로스팅의 상관관계
2	2강 로스팅과 향미평가	로스팅과 향미평가	
		2-1	결점두의 종류와 핸드픽 실습
		2-2	커피 플레이버의 종류
		2-3	커핑의 이해 및 커핑 실습
3		로스팅을 통한 그린커피의 변화	
		3-1	로스팅 개념의 이해
		3-2	그린커피의 물리적, 화학적 변화
		3-3	커핑 실습

순번	교재 목차	내용	
4	3강 로스터의 구조 및 특성	로스터 구조	
		4-1	로스터의 종류
		4-2	로스터의 구조
		4-3	로스터의 청소 및 유지보수
5	4강 실전 로스팅	수망 로스터 활용	
		5-1	수망 로스터 이해
		5-2	로스팅 계획수립
		5-3	수망 로스팅 실습하기
6		가정용 로스터 활용	
		6-1	로스팅 프로파일 작성법 이해
		6-2	로스팅 그레이드별 로스팅
		6-2	로스팅한 원두 커핑 실습
7		가공 과정이 다른 커피 로스팅 Ⅰ	
		7-1	로스팅 계획 수립하기
		7-2	가공 과정이 다른 커피 로스팅 실습(Washed, Natural)
		7-3	로스팅한 원두 커핑 실습
8		가공과정이 다른 커피 로스팅Ⅱ	
		8-1	로스팅 계획 수립하기
		8-2	가공 과정이 다른 커피 로스팅 실습 (Semi washed, Pulped natural, Honey processing 등)
		8-3	로스팅한 원두 커핑 실습
9		대륙별 로스팅 I	
		9-1	로스팅 계획 수립하기
		9-2	대륙별 그린커피 로스팅 실습
		9-3	로스팅한 원두 커핑 실습

순번	교재 목차	내용	
10	4강 실전 로스팅	대륙별 로스팅 II	
		10-1	로스팅 계획 수립하기
		10-2	대륙별 그린커피 로스팅 실습
		10-3	로스팅한 원두 커핑 실습
11		용도에 따른 로스팅	
		11-1	로스팅 계획 수립하기
		11-2	브루잉용 커피 로스팅
		11-3	에스프레소용 커피 로스팅
12	5강 에스프레소 블렌딩	에스프레소 블렌딩 I	
		12-1	블렌딩에 대한 이해
		12-2	선 블렌딩, 후 블렌딩 실습
		12-3	머신을 이용하여 추출 후 커핑
13		에스프레소 블렌딩 II	
		13-1	블렌딩 계획 수립
		13-2	블렌딩 로스팅 실습
		13-3	머신을 이용하여 추출 후 커핑
14	부록	로스트마스터 평가 대비	
		14-1	로스트마스터 실기평가 안내
		14-2	실기평가 실습
15		로스트마스터 과정 최종 평가	
		15-1	기술평가
		15-2	감각평가

2. 로스트마스터 실기평가 안내

1) 커피 로스트마스터 자격 인증시험

사단법인 한국커피협회에서 인증한 교육기관에 의해서 로스트마스터 교육 과정을 수료한 학생들은 로스트마스터 자격증 취득을 위하여 인증시험을 거치게 되며, 필기시험과 실기시험으로 나뉜다. 실기평가는 필기시험 합격자에 한해서 응시할 수 있으며, 필기시험은 100점 만점의 60점 이상 득점하면 합격한다. 실기평가까지 합격된 자에 한해 로스트마스터 자격증을 부여한다. 이번 부록에서는 실기시험 규정과 시험 방법을 다루어 실기평가를 준비하도록 한다.

① 점수배점

실기평가는 감각평가와 기술평가로 나뉘며, 감각평가 50점, 기술평가 50점으로 두 개를 합산한 점수가 60점 이상일 경우 합격한다. 감각평가는 앞서 향미평가 부분에서 언급했던 로스트마스터 커핑 시트지가 감각평가지이며, 각 25점 만점으로 2장을 합하여 총 50점이다.

② 감각평가

감각평가는 커핑의 형태로 이루어지며, 기술평가가 끝난 후 제공된 로스팅된 원두를 8~24시간 이내에 커핑하여 점수를 매긴다. 총 2명의 향미평가사가 평가하는 점수이며, 평가자는 별도의 자격 없이 로스트마스터 교육 과정 중 교육된 수강생들을 참여하게 하여도 무방하기 때문에 정확한 평가가 이루어질 수 있도록 교육과정 중의 향미평가 부분을 완벽히 숙지하는 사전교육이 이루어져야 할 것이다. 막연한 감 또는 느낌이 아닌, 객관적인 평가를 위하여 먼저 작성될 기술평가표를 적극 참고하여 기술평가에서 추론할 수 있는 결과 값이 감각평가에 영향을 줄 수 있도록 평가한다.

③ 기술평가

기술평가는 총 50점으로 배점되어 있으며, 실제로 로스팅을 하는 과정에서 로스팅에 대한 이해와 최소한의 지식을 가지고 임하는지를 판단하기 위한 평가로서, 인증시험에서 점수 반영에 가장 큰 비중을 차지하므로 자세히 숙지 후 응시하기 바란다.

기술평가표는 로스팅 프로파일을 한눈에 볼 수 있는 로스팅 로그와 샘플 생두의 정보 그리고 로스팅에 대한 간략한 정보를 적을 수 있으며, 로스팅 준비 시간과 마무리 시간을 포함한 총 로스팅 시간은 25분이 주어진다. 기술평가에서는 응시자가 로스트마스터 수업 과정을 통해 로스팅에 대하여 이해하고, 의도한 로스팅 포인트를 의도한 시간에 맞출 수 있는지를 평가하는 것에 중점을 두고 있다. 평가지에 명시된 로스팅 포인트에 해당하는 시간은 로스터기마다 최적의 시간이 다르다는 것을 수용하여, 강사가 교육 과정과 시험 때 사용하는 로스터기의 최적의 로스팅 시간으로 변경하여 시험을 치룰 수 있도록 하였다.

(예: 열풍로스터기 라이트 로스팅 기준 로스팅 완료시간 5분이 최상의 맛이라면 로스팅 시간 5분으로 변경 가능)

2) 기술평가표

사단법인 한국커피협회 시행
로스트마스터 인증테스트 / 기술평가표

응시자:

Bean Name: _____
Date: _____

총점 100점: 기술평가 50점 + 감각평가 50점 (총점 60점 이상 합격)

Roasting Point	
L-M / #65-#55 / 8-12분	
M-D / #55-#35 / 8-15분	

투입온도:	℃
배출온도:	℃

Color Reading	
홀빈: #	
그라운드빈: #	
편차:	

생두밀도	g/ml
생두무게:	g
원두무게:	g
수율계산:	%

평가항목	됨	안됨
결점두 핸드픽	5	0
생두의 밀도 측정	5	0
적정 로스팅 시간	20	0
로스팅 포인트	20	0
감각평가 합산 점수		
점수합계(A)		

감점사항	됨	안됨
로스터기 전원개점	-5	0
생두, 원두 10g이상 출림	-5	0
홀빈과 그라운드빈의 색상편차가 100l상일경우	-5	0
시연시간 오버(30초당 -1점)		
감점 점수합계(B)		

*핸드픽
생두 결점두 핸드픽 여부와 로스팅된 후 원두상태의 케이커 선별 여부

*밀도 계산
1000ml의 부피를 가득 채웠을 때의 무게 (컵을 가득 채운상태의 내용물의 무게/컵의 용량)
ex) 650g(생두무게) ÷ 1000ml(컵 용량)=0.65g/ml

*총 시연시간: 25분

시연시간: ___분 ___초

총점(A)+(B) =

시간	Bean온도	화력	배기	비고/상태

※ **기술평가 항목별 세부 규정**

① **로스팅 로그 작성**

로스팅 로그는 전반적인 로스팅의 흐름을 한눈에 이해하기 위한 표로, 응시자가 아닌 평가위원 또는 다른 참여자가 응시자의 옆에서 꼼꼼히 체크하여 작성하도록 한다. 필수 작성 항목은 '시간', 'Bean온도', '화력'이며 이외에 '배기'와 '비고/상태' 란은 필요시에 작성하고 전혀 사용하지 않는 경우에는 쓰지 않아도 무방하다.

매 시간마다(1분 단위 또는 30초 단위) 쓰거나 변화가 있을 경우에만 작성해도 무방하며 로스팅 흐름을 읽을 수만 있다면 어떠한 형태의 기입도 허용된다.

시간	Bean온도	화력	배기	비고/상태

② 로스팅 포인트 선택_응시자 작성

로스팅을 히기 전 완성될 로스팅 포인트를 추첨을 통해 선택한다. 선택된 로스팅 포인트에 ✔자 표시를 한다.

Roasting Point	
L-M/ #65-#55/ 8-12분	
M-D/ #55-#35/ 8-15분	

③ 투입 온도와 배출 온도_응시자 작성

로스팅을 시작한 뒤 생두 투입 온도를 작성하고, 로스팅이 완료된 후에 배출 온도를 작성한다.

투입온도:	℃
배출온도:	℃

④ 생두 밀도와 무게 입력, 수율 계산_응시자 작성

생두 밀도를 측정하여 작성하고, 생두와 원두의 무게를 작성하여 수율을 계산한다. 밀도 계산법은 시트지에 서술되어 있으며, 수율계산법은 로스팅 교육 과정 중에 응시자가 숙지할 수 있도록 미리 사전 교육하도록 한다. (*수율계산법=원두 무게÷생두 무게×100)

생두밀도	g/ml
생두무게:	g
원두무게:	g
수율계산:	%

⑤ 아그트론 수치 입력

준비된 색도계를 이용하여 로스팅이 완료된 원두의 아그트론 수치를 체크하도록 한다. 홀빈과 그라운드빈 각각 3번의 리딩을 시행하며 3번의 평균값을 도출하여 작성한다.

예: (#65+#62+#63)÷3=63

평균값으로 도출된 홀빈과 그라운드빈의 편차를 작성한다.

Color Reading
홀빈:#
그라운드빈:#
편차:

⑥ 평가 항목

6-1. 결점두 핸드픽_5점

시트지에 명시된 결점두 핸드픽을 했는지 여부에 따라 '됨', '안됨'에 체크한다. 생두 결점두 선별은 했으나 원두의 퀘이커 선별이 되지 않았다면 '안됨'에 체크한다.

6-2. 생두의 밀도 측정_5점

시트지에 명시된 생두의 밀도 측정 방법을 활용하여 측정했는지 여부에 따라 '됨', '안됨'에 체크한다. 밀도 측정은 하였으나 수치를 작성하지 않았다면 '안됨'으로 체크한다.

6-3. 적정 로스팅 시간_20점

로스팅 로그에 작성된 표를 참고하여 로스팅이 끝난 시간이 선택한 로스팅 포인트의 적정 시간 범위에 들어온다면 '됨'으로 체크한다.

6-4. 로스팅 포인트_20점

색도계 수치를 참고하여 홀빈의 아그트론 수치가 선택한 로스팅 포인트의 범위에 들어온다면 '됨'으로 체크한다.

6-5. 감각평가 합산 점수

2징의 감각평가 시트지의 총점을 더하여 기입한다. (25+25=50점 만점)

평가항목	됨	안됨
결점두 핸드픽	5	0
생두의 밀도 측정	5	0
적정 로스팅 시간	20	0
로스팅 포인트	20	0
감각평가 합산 점수		
점수합계(A)		
감점사항	됨	안됨
로스터기 전원꺼짐	-5	0
생두, 원두 10g이상 흘림	-5	0
홀빈과 그라운드빈의 색상편차가 10이상일경우	-5	0
시연시간 오버(30초당 -1점)		
감점 점수합계(B)		

⑦ **감점 사항**

7-1. 로스터기 전원 꺼짐

시연 도중 로스터기의 전원이 꺼져서 드럼 내부 열원이 차단되고 드럼이 돌아가지 않는다면 '됨'으로 체크하여 5점을 감점한다.

7-2. 생두, 원두 10g 이상 흘림

시연 도중 생두와 원두의 합이 총 10g 이상 바닥에 떨어져서 쓸 수가 없다면 숙련도 부족으로 5점을 감점한다.

7-3. 홀빈과 그라운드빈의 색상 편차가 10 이상일 경우

컬러리딩 항목에서 평가가 10 이상일 경우 5짐을 감점한다.

7-4. 시연 시간 오버(30초당 -1점)

총 시연 시간이 25분을 초과하면 30초당 1점씩 감점한다.

Ⅱ 한국로스팅챔피언십 입상자 블렌딩 프로파일

최민근

- 소속 : KALAS COFFEE
- 수상 내역 및 이력

  2015 한국커피로스팅챔피언쉽 우승

  2015 월드커피로스팅챔피언쉽 3위

  KALAS COFFEE 대표

  2015-2018 WORLD LATTE ART BATTLE 심사위원 및 운영위원

  2014 WCCK KOREA SIPHONIST CHAMPIONSHIP 센서리 심사위원

  2013 WCCK KOREA NATIONAL BARISTA CHAMPIONSHIP 센서리 심사위원

  2013 WCCK KOREA COFFEE IN GOOD SPIRIT CHAMPIONSHIP 센서리 심사위원

블렌딩 명 : WILD FLOWER

블렌딩 원두 종류 및 비율
코스타리카 허니 30%
에티오피아 내추럴 27%
에티오피아 워시드 43%

블렌딩 특징
에티오피아 내추럴과 워시드 프로세스 커피를 베이스로 플로럴함과 농익은 베리류의 느낌을 주고자 했고 코스타리카 허니 프로세스를 함께 블렌딩하여 과일의 쥬시함과 시럽 같은 단맛, 그리고 밸런스를 맞췄다.

맛
풍성한 꽃향기와 잘 익은 베리, 사탕수수의 달콤함이 느껴지는 쥬시한 에스프레소 블렌드 (Floral, ripe berrys, Sugarcane sweet)

사용 머신
PROBAT P12 TYPE2

설정
배기 1180pa
드럼 스피드 60hz
190℃ 투입
214℃ 배출

시간
총 로스팅 시간 10:15
디벨롭먼트 타임 01:45
디벨롭먼트 타임 비율 17.1%

장문규

- 소속 : 시그니쳐로스터스
- 수상 내역 및 이력

  2017 브루어스컵 국가대표선발전 2위

  2016 브루어스컵 국가대표선발전 3위

  2014 월드커피로스팅챔피언쉽 2위

  2014 한국커피로스팅챔피언쉽 1위

블렌딩 명 : 시너지(SYNERGY)

블렌딩 원두 종류 및 비율
콜롬비아 나리뇨 65%
에티오피아 첼바 AQ1 내추럴 35%

블렌딩 특징
시그니쳐로스터스의 첫 번째 블렌드로서 스윗 어시더티에 초점을 맞췄다.

맛
오렌지, 무화과, 살구, 마시고 난 뒤에도 숨 쉴 때마다 느껴지는 긴 여운이 특징

사용 머신

설정

시간
총 로스팅 시간 10:56
디벨롭먼트 타임 02:54
디벨롭먼트 타임 비율 26.5%

■ 프로파일

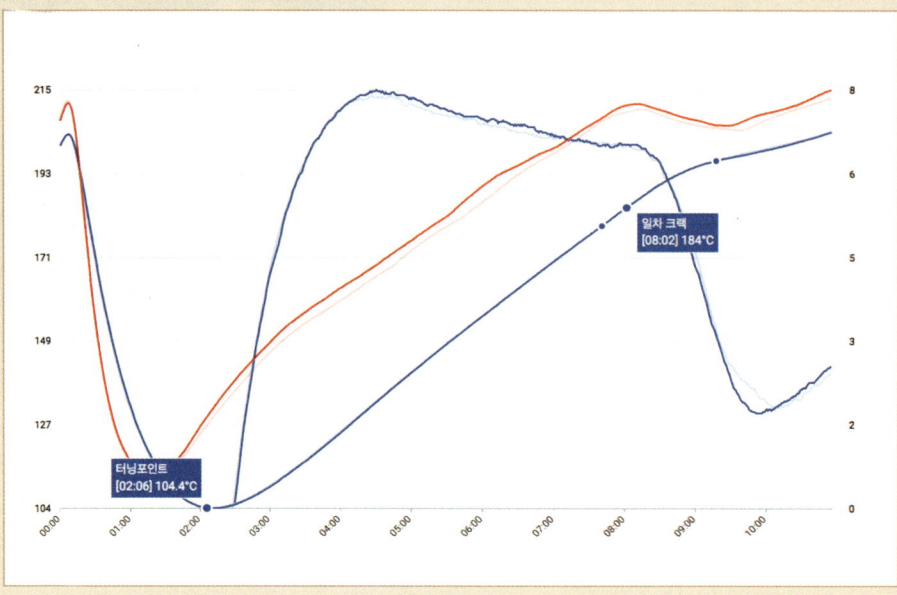

정유정

- 소속 : 부천최재영바리스타학원
- 수상 내역 및 이력

  2016 한국로스팅챔피언쉽 2위

  (사)한국커피협회 로스터마스터강사

  (사)한국커피협회 실기평가위원

블렌딩 명 : 루비(Ruby)

블렌딩 원두 종류 및 비율
Brazil NY2 FC 17/18 Cerrado 20%
Colombia Supremo Medellin 30%
Guatemala SHB Huehuetenango 30%
Indonesia G1 Mandheling 20%

블렌딩 특징 : 스모키한 향과 다크 초콜릿 같은 쌉싸름한 단맛, 피넛 같은 고소한 맛과 풍부한 바디감을 느낄 수 있다. 진한 커피 맛을 지녀 베리에이션 메뉴에 사용해도 잘 어울리는 매력적인 블렌드이다.

맛
Dark chocolaty, Peanut, Full body

사용 머신
Giesen W6

설정

시간

▨ 프로파일

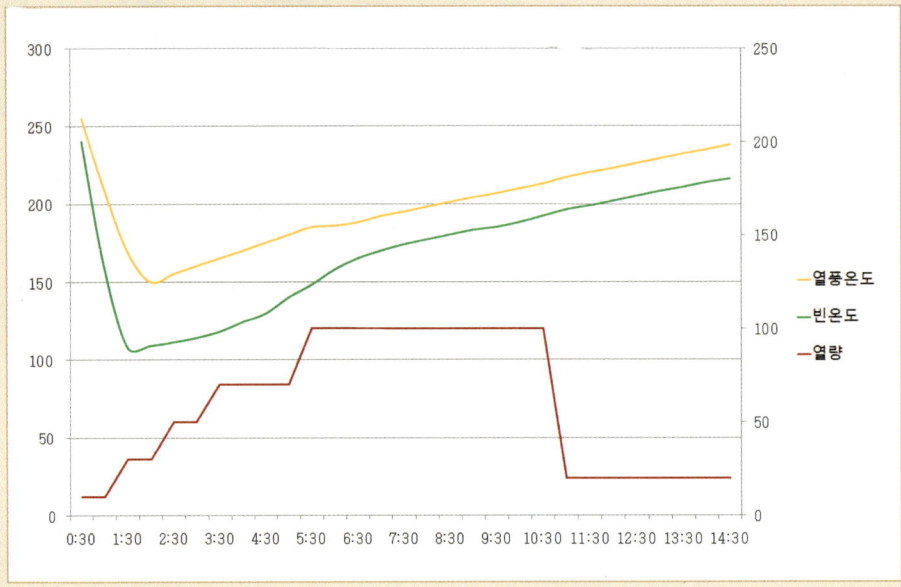

주성현

- **소속** : 180커피로스터스
- **수상 내역 및 이력**
  2014년 한국굿스피리츠챔피언쉽 5위
  2017년 한국로스팅챔피언쉽 우승
  2017년 월드로스팅챔피언쉽 12위

블렌딩 명 : 바이올렛(Violet)

블렌딩 원두 종류 및 비율
콜롬비아 카투라 워시드 60%
에티오피아 내추럴 40%

블렌딩 특징 : 밀도가 높은 콜롬비아 커피를 베이스로 풍부한 플레이버를 더해줄 에티오피아 내추럴을 블렌딩했다.

맛
단맛 – 오렌지, 복숭아, 패션프루트의 단맛
신맛 – 오렌지, 패션프루트의 밝은 신맛
향미 – 오렌지, 복숭아, 멜론, 말린 베리류

사용 머신
Giesen W30

설정
250℃ 세팅
배기 120pa
드럼 스피드 46hz
200℃ 투입
196℃ 배출

시간
총 로스팅 시간 11:10
디벨롭먼트 타임 01:33
디벨롭먼트 타임 비율 14.1%

■ 프로파일

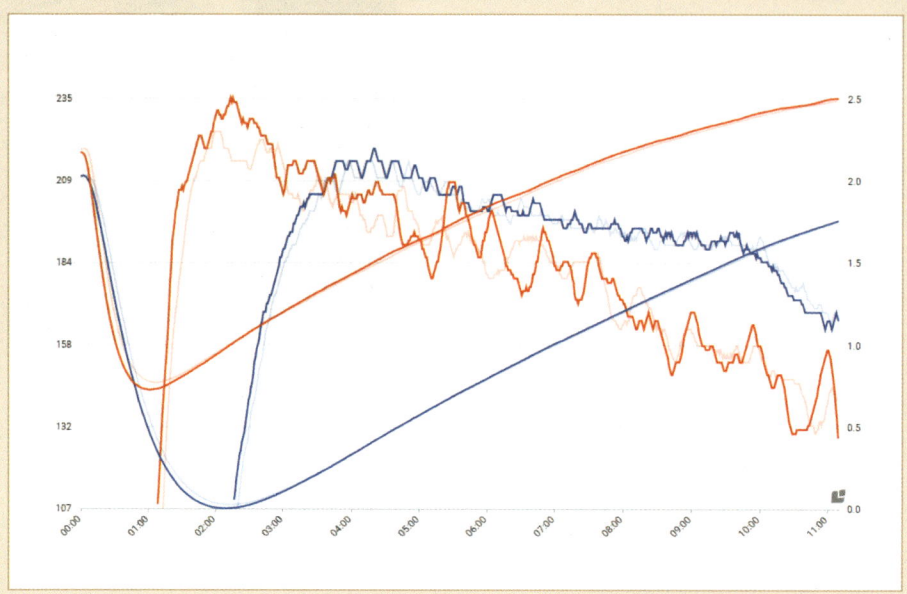

이승진

- 소속 : 180커피로스터스
- 수상 내역 및 이력

  2013 한국 로스팅 챔피언쉽 1위

  2013년 월드 로스팅 챔피언쉽 5위

  2015년 한국 바리스타챔피언쉽 4위

  180커피로스터스 대표

블렌딩 명 : 초콜릿(Chocolate)

블렌딩 원두 종류 및 비율

콜롬비아 카투라 워시드 50%

브라질 펄프드 내추럴 30%

인도 마이소르 아라비카 20%

블렌딩 특징 : 단맛이 좋은 콜롬비아를 베이스로 너티한 브라질과 밸런스를 위한 인도를 블렌딩하고, 2차 팝까지 빠르게 진행시켜 쓴맛을 배제하고 달고 고소한 맛을 내는 블렌딩을 완성했다.

맛

단맛 - 복숭아, 바닐라 시럽

신맛 - 건포도 같은 어두운 신맛

향미 - 다크 초콜릿, 구운 아몬드, 바닐라

사용 머신

Giesen W30

설정

배기 속도 100pa

드럼 스피드 49hz

260℃ 세팅, 240℃ 투입

화력 100%, 204℃ 배출

시간

총 로스팅 시간 10:43

디벨롭먼트 타임 02:20

디벨롭먼트 타임 비율 23%

■ 프로파일

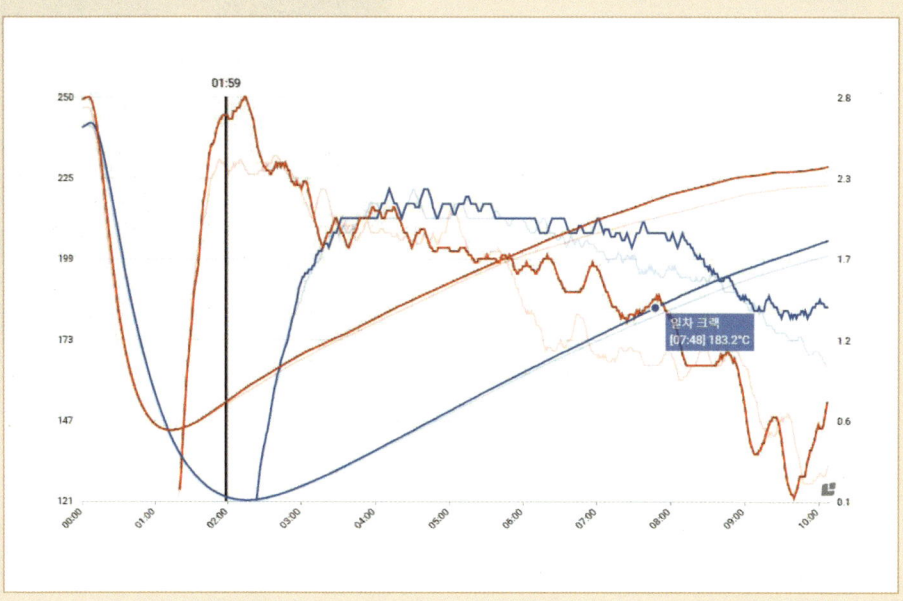

III 각종 상업용 로스터 소개

1. 스트롱홀드 테크놀로지

1) 재원 및 라인업

S7

사이즈	650×620×885mm	정격 출력	3.5kW
무게	72kg	열풍 히터	2kW
최대 생두 투입 용량	850g	할로겐 히터	1.5kW
정격 전압	220V	교반 모터	25W

특징	• 편리한 터치스크린 조작 • 직관적인 디스플레이(7인치) • 내부 온도/타워드럼 온도 센서 • 열풍, 할로겐 독립 조절 (0~10단계, 1단위) • 프로파일 데이터 자동 로깅 • 수동 모드/프로그램 모드(자동) • 프로파일 자동 재현 기능 • 안전장치(비상 배출) • 빠른 쿨링(1분 30초 실온 도달) • 안드로이드 기반 자동시스템 업그레이드
장점	• 수동 로스팅 성능 : 수동 로스터기보다 뛰어난 예측 가능하고 미세한 열원 컨트롤 • 대류열 10단계 조절, 복사열 10단계 조절, 전도열 관리 가능 • 사용자 프로파일(User • profile) 재현 균일성 • 로공 전문가의 방식으로 전문가보다 뛰어난 사용자 프로파일 재현 알고리즘 • 생두, 머신 상태, 외적 환경 변수들을 스스로 판단 및 미세 보정 • 편리하고 수준 높은 프로그램 모드 • 로스팅 선수 수준의 전문가 프로파일을 세팅해준다면? : 대부분의 주요 생두에 대한 '가공 방식별, '로스팅 단계별' 전문가 자동 프로파일 탑재

S7Pro

사이즈	650×620×885 mm	정격 출력	3.5kW
무게	72kg	열풍 히터	2kW
최대 생두 투입 용량	850g	할로겐 히터	1.5kW
정격 전압	220V	교반 모터	25W

특징	• 편리한 터치스크린 조작 • 대형 디스플레이(10.1인치) • 온도 센서 • 내부(원두), 타워드럼, 열풍, 배기 • 독립적인 20단계 온도 조절 • 교반 모터 10단계 속도 조절 • ROR&DTR 표시 • 더 강화된 프로파일 데이터 자동 로깅 • 수동 모드/프로그램 모드(자동) • 더 정교한 프로파일 자동 재현 기능 • 안전장치(비상 배출, 자동 멈춤) • 빠른 쿨링(1분30초 실온 도달) • 자동 시스템 업그레이드(AndroidOS)
장점	• 더욱 정교한 수동 로스팅 열원 조절 • 선수용, 연구용 수준의 수동 로스팅 변수 조절 • 대류열 20단계 조절, 복사열 20단계 조절, 전도열 관리 가능, 교반 속도 10단계 조절 등 더욱 디테일한 수동 로스팅 지표 표기 • 수동 로스팅 중 실시간으로 2차 지표 확인 및 관리 가능

S9

사이즈	1420×1250×1905 mm	정격 출력	24.3kW
무게	310kg	열풍 히터	16kW
최대 생두 투입 용량	8kg	할로겐 히터	5.2kW
정격 전압	380V	교반 모터	200W

특징	• 편리한 터치스크린 조작 • 대형 디스플레이(10.1인치) • 내부 온도/타워드럼 온도 센서 • 열풍 온도/배기 온도 센서 • 열풍, 할로겐 독립 조절 (0~10단계, 0.5단위) • 교반 모터 10단계 속도 조절 • 그래프상 ROR 표기 • 프로파일 데이터 자동 로깅 • 수동 모드/프로그램 모드(자동) • 프로파일 자동 재현 기능 • 안전장치(비상 배출) • 빠른 쿨링(1분 30초 실온 도달) • 안드로이드 기반 자동 시스템 업그레이드
장점	• 동급 최고 수준의 월간 생산량 : 더 적은 인원으로 월 생산량 7톤 이상의 비교불가한 생산성 • 연속 1000회 로스팅 내구도 테스트. S7에서 검증된 사용자 프로파일 재현 알고리즘 • 정밀해진 배기 컨트롤과 높아진 열량으로 원두의 단맛과 바디감을 풍부하게 살려내는 데 용이

2. 기센 코리아

WPG 세상에 없던 샘플 로스터

기센 커피 로스터스에서 선보이는 WPG Sample Roaster는 기센의 최신 기술이 집약된 샘플 로스터로, 하드웨어와 소프트웨어가 완벽하게 균형을 이룬 새로운 샘플 로스팅을 제시합니다.

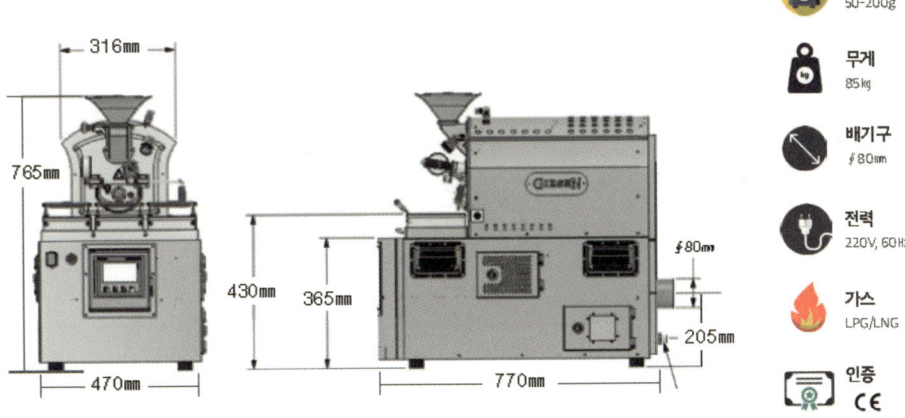

- 용량 50-200g
- 무게 85 kg
- 배기구 ∮80㎜
- 전력 220V, 60Hz
- 가스 LPG/LNG
- 인증 CE

특징	• 투입량 50~200g • 프로파일 설정 후 기센의 타 모델과 연동 가능 • 3개의 샘플 쿨링 트레이 • 독립형 모터를 통해 로스팅 진행 중에도 쿨링 가능 • 7인치 SIEMENS 터치 컨트롤 패널 탑재 • 다양한 드럼 스피드 및 에어플로우 컨트롤 • 배기라인 연결 가능
옵션	• 다양한 컬러 선택 • 기센 로스트 프로파일 시스템 (Laptop) • 크롭스터(데이터 로깅 프로그램) • 적외선 카메라 온도 센서

로스터기 사이즈(mm)	W: 470 H: 765 D: 770
가스 소비량	4,300 kcal/h
전기 소비량	0.5kW

W1 공간 활용도가 높은, 효율적인 소형 로스터

소형 Shop Roaster로 유럽에서 가장 인기 있는 Roaster입니다. 적은 용량으로 효과적인 로스팅을 구현했고, 작은 사이즈로 공간 활용도 또한 매우 높습니다. 동시에 만족할 만한 디자인으로 소규모 로스터들에게 많은 사랑을 받고 있습니다.

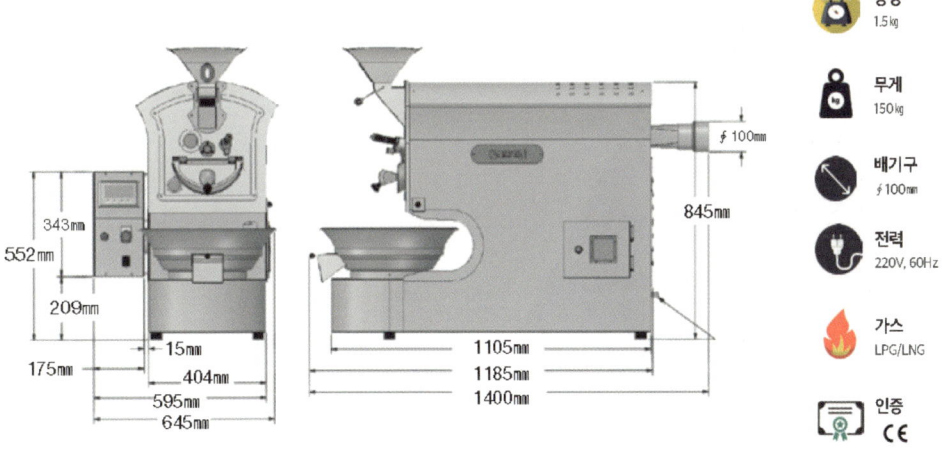

- 용량: 1.5kg
- 무게: 150kg
- 배기구: ∮100㎜
- 전력: 220V, 60Hz
- 가스: LPG/LNG
- 인증: CE

Manually

특징	• Cast Iron 소재의 전면부와 드럼 • 이중 드럼 • 공냉식 쿨러 • 내장형 사이클론
옵션	• 로스터기 테이블 • 다양한 컬러 선택 • 애프터 버너 • 크롭스터(데이터 로깅 프로그램)

로스터기 사이즈(mm)	W: 400 H: 1025 D: 1165
가스 소비량 (Manual)	7,138 kcal/h
전기 소비량	0.8kW

Automatic

특징	• Cast Iron 소재의 전면부와 드럼 • 이중 드럼 • 공냉식 쿨러 • 내장형 사이클론 • 컨트롤 패널 터치시스템 • 드럼 스피드 조절 가능 • 배기 압력 조절 가능 • 세밀한 화력 조절 • 프로파일 시스템 장착 가능
옵션	• 로스터기 테이블 • 다양한 컬러 선택 • 애프터버너 • 로스트 프로파일 시스템(Laptop 프로파일) • 크롭스터(데이터 로깅 프로그램)

로스터기 사이즈(mm)	W: 400 H: 1025 D: 1165
가스 소비량 (Manual)	7,912 kcal/h
전기 소비량	0.8kW

W6 중소형 매장에 최적화된 W6

W6는 중소형 로스터리 숍에서 사용할 수 있는 가장 효율적인 모델입니다. 배치당 6kg의 커피를 로스팅할 수 있으며, 본격적으로 상업적인 로스터리 숍을 준비할 때 최고의 선택이 될 것입니다. W6는 배치 용량과 머신의 사이즈, 스마트한 각종 기능이 적절한 밸런스를 이룬 가장 합리적인 머신이라고 할 수 있습니다.

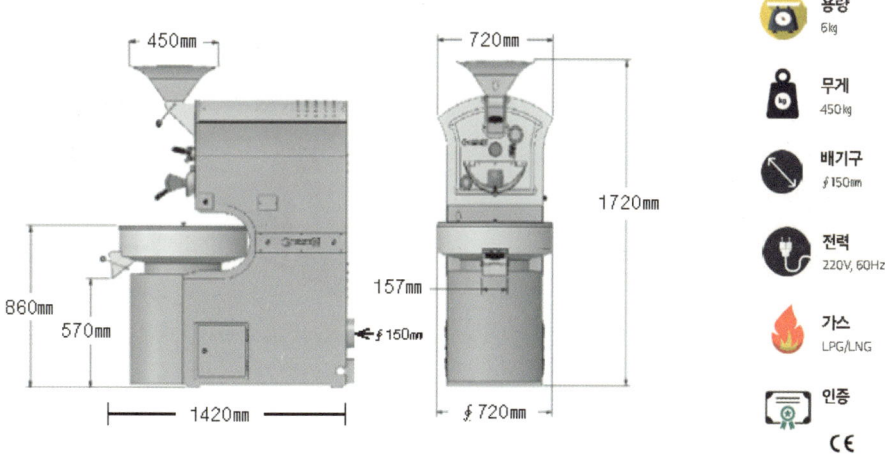

용량 6kg

무게 450kg

배기구 ∮150mm

전력 220V, 60Hz

가스 LPG/LNG

인증 CE

부록

Manually / Automatic

특징	• 로스팅과 쿨링 동시 작업 가능 • Cast Iron 소재의 전면부와 드럼 • 이중 드럼 • Digital Temperature Control • 내장형 사이클론 • 독립형 Electric Control • 드럼 스피드 조절 가능 • 배기 압력 조절 가능
옵션	• 다양한 컬러 선택 • 애프터버너 • 디스토너 • 로스트 프로파일 시스템(Laptop형, Control Tower형) • 크롭스터(데이터 로깅 프로그램)

로스터기 사이즈(mm)	W: 720 H: 1720 D: 1420
가스 소비량	16,684 kcal/h
전기 소비량	1.4kW

프로파일 내장형
Laptop
(Option)

로스트 프로파일 시스템
Control Tower
(Option)

디스토너
(Option)

애프터 버너
(Option)

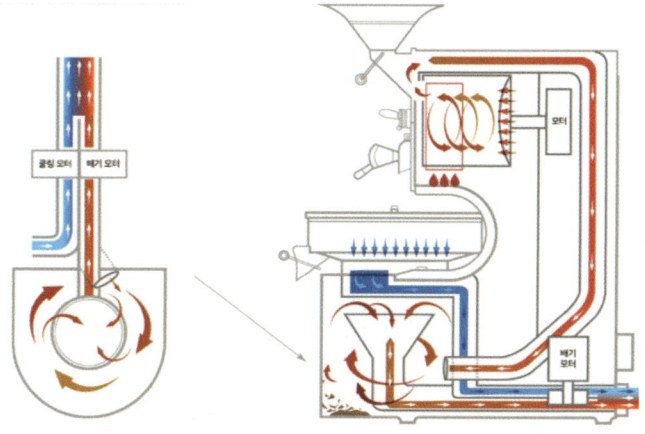

2개의 FAN

기센 커피 로스터의 대표적인 장점중의 하나인 두 개의 분리된 팬에 대해 얘기하고자 합니다.
첫 번째는 배기팬으로 로스팅 과정에서 발생되는 뜨거운 공기를 원활하게 배출하는 팬이며, 또 다른 팬은 쿨링 팬으로 로스팅 후 쿨링 트레이에서 원두의 쿨링을 관장하는 팬입니다.
이는 로스팅과 쿨링을 동시에 가능하게 하여, 원활한 배기 환경과 시간당 최대 30㎏의 생산성까지 보장합니다.

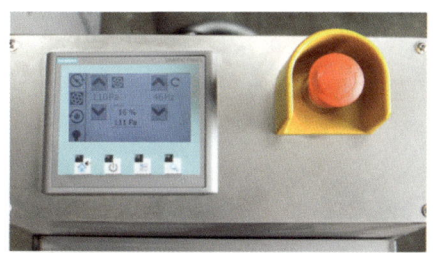

기센 로스터의 컨트롤 시스템

기센 W6A 커피 로스터를 컨트롤하는 방법은 독보적입니다.
별도로 분리되어 있는 컨트롤 타워에 부착된 터치 패널을 이용하여, 제어되는 편리한 제어 시스템은 정확하고 정밀하며 직관적입니다.
온도 제어, 드럼 스피드, 배기 압력 조절, 타이머, 쿨링 그 외 로스터의 모든 기능을 하나의 터치 패널에서 제어가 가능합니다.

화력조절

배기값 조정/
드럼 속도 조정

W15 본격적인 원두 생산과 유통을 위한 중형 로스터

유럽 로스터기의 오랜 노하우와 첨단 기술이 담긴 Roaster입니다. 본격적인 원두 생산과 유통을 계획하고 계시다면, 사용자 중심의 인터페이스와 안정적인 설계가 돋보이는 W15가 좋은 솔루션이 되어 줄 것입니다.

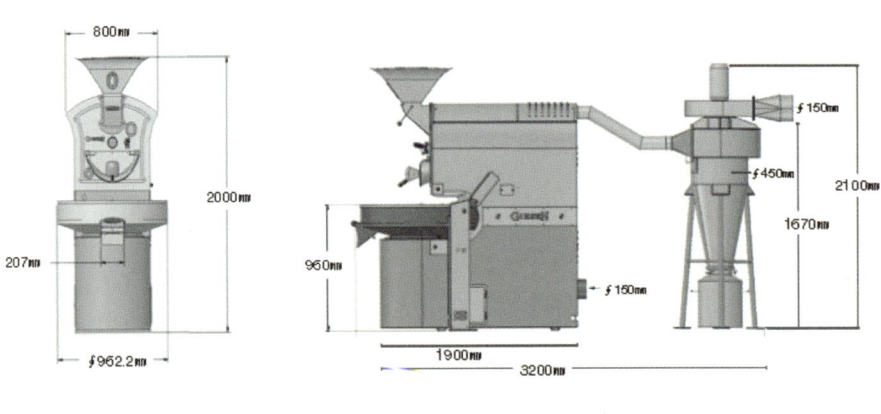

 용량
15kg

 전력
220V, 60Hz

 무게
720 kg

 배기구
내장형 사이클론 배기구 : ∮150㎜
외장형 사이클론 배기구 : ∮150㎜ (roast air)
∮150㎜ (cooling air)

 가스
LPG/LNG

 인증
CE, UL

Manually / Automatic

특징	• 로스팅과 쿨링 동시 작업 가능 • Cast Iron 소재의 전면부와 드럼 • 이중 드럼 • Digital Temperature Control • 내장형 사이클론 • 독립형 Electric Control • 드럼 스피드 조절 가능 • 배기 압력 조절 가능
옵션	• 다양한 컬러 선택 • 애프터버너 • 디스토너 • 로스트 프로파일 시스템(Laptop형, Control Tower형) • 크롭스터(데이터 로깅 프로그램)

로스터기 사이즈(mm)	W: 720 H: 1720 D: 1420
가스 소비량	16,684 kcal/h
전기 소비량	1.4kW

로스트 프로파일 시스템 Laptop

프로파일 내장형 Control Tower

디스토너

애프터 버너

외장 사이클론 Extern Cyclone

생두 이송기 (국내 제작)

W30 대량 생산을 위한 현명한 선택, 중대형 로스터 W30A

중대형 Shop Roaster W30은 배치당 30㎏, 시간당 최대 120~150㎏의 생산 능력을 보유하고 있습니다. W30은 내장된 프로파일 시스템을 통해 더욱 간단하고 효율적인 작업 환경을 완성합니다.

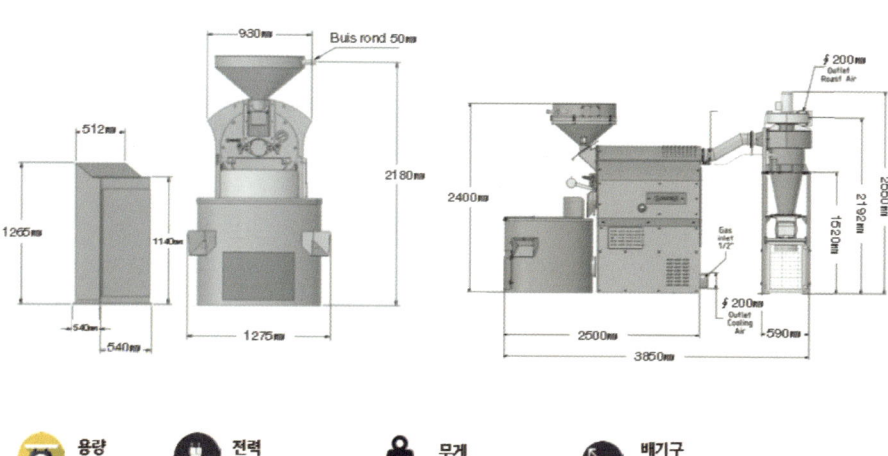

- **용량**: 30kg
- **전력**: 3상 4선식 380V, 60Hz
- **무게**: 1200kg(Roaster) / 200kg(Cooling Sieve)
- **배기구**: ∮200㎜(roast air) / ∮200㎜(cooling air)
- **가스**: LPG/LNG
- **인증**: CE, cULus

Manually / Automatic

특징	• 데이터 로깅과 프로파일링 • Semi Auto System • Cast Iron 소재의 전면부와 드럼 • 프로파일 시스템 내장 • 드럼 스피드 조절 가능 • 배기 압력 조절 가능 • 편리한 채프 제거 시스템
옵션	• 다양한 컬러 선택 • 애프터 버너 • 크롭스터(데이터 로깅 프로그램) • 생두 이송기 • 디스토너

로스터기 사이즈(mm)	W: 930 H: 2400 D: 500
가스 소비량	55,900 kcal/h
전기 소비량	2.2kW

디스토너

애프터 버너

생두 이송기
(기센 제작)

생두 이송기
(국내 제작)

3. 태환 자동화 산업

1) THCR-01

① 전면 제품구조 및 명칭

② 뒷면 제품구조 및 명칭

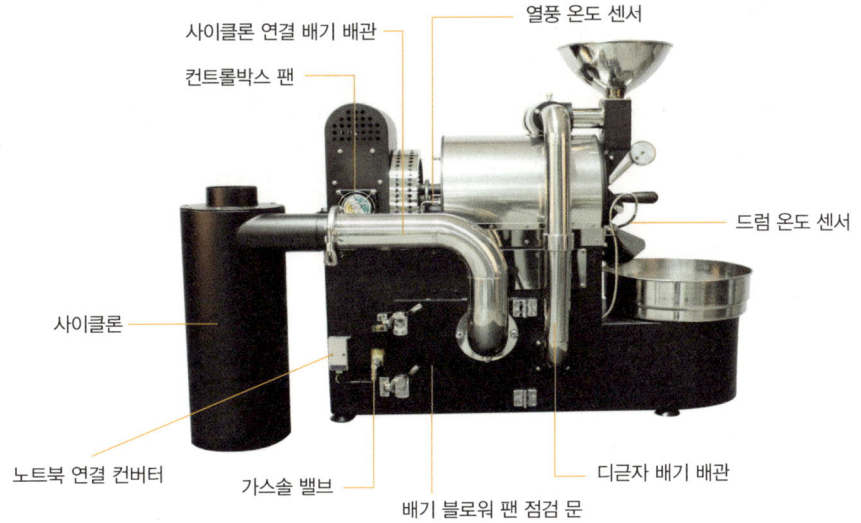

2) THCR-03

① 전면 제품구조 및 명칭

② 뒷면 제품구조 및 명칭

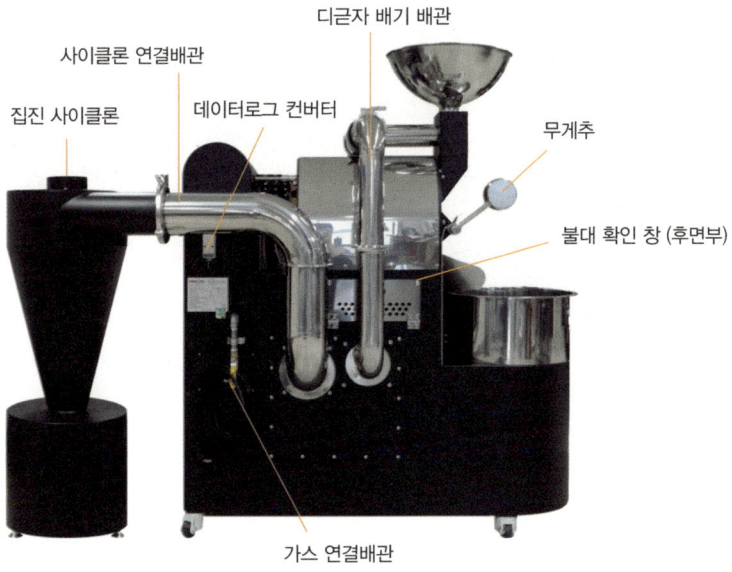

3) THCR-06

① 전면 제품구조 및 명칭

② 뒷면 제품구조 및 명칭

3) THCR-12

① 전면 제품구조 및 명칭

② 뒷면 제품구조 및 명칭

Ⅳ 로스팅 용어사전

A

- **Acerbic**(시큼한 맛)

  브루잉 커피에서 매캐하고 신맛을 남기는 결점. 브루잉 커피에 열을 가한 채로 두어 생기는 경우가 많다.

- **Acidity**(산미)

  고산지 커피의 기분 좋게 톡 쏘는 맛. 산미는 고급스러운 맛으로 인정되며 pH 정도를 의미하지는 않는다. 커피에서 발견되는 수백 가지 산 중에서 구연산, 말산, 젖산이 가장 감미롭고 두드러진다.

- **Acidy**(신맛)

  톡 쏘고 날카로운 맛.

- **Acrid**(찌르는 듯한)

  거칠고 쓰고 톡 쏘는 느낌의 자극적이고 찌르는 듯한 맛. 오버 로스팅된 커피에서 발견되기도 한다.

• African beds(아프리칸 베드)

위로 올려진 침대형 구조물로 금속 스크린이 부착된 나무로 만들어졌으며 커피 파치먼트 건조에 쓰인다. 파티오(Patio) 건조법의 대안으로 사용되며 건조하는 동안 커피에 더 많은 바람이 더 잘 통하게 할 수 있다.

• Afterbuner(애프터 버너)

로스터기에 부착되어 연기와 냄새를 소각하는 장치.

• Aftertaste(애프터테이스트)

커피를 마신 후 머무르는 느낌과 이차적인 감상. 마신 후의 후각과 미각의 느낌.

• Agtron scale(애그트론 척도)

커피의 빛깔을 흰색에서 검은색까지 단계적으로 측정해 로스트 정도를 정의하는 번호 체계. 애그트론 등급(Agtron Rating)이라고도 한다.

• Air roaster(에어 로스터기)

뜨거운 공기를 불어 넣어 생두를 휘저어 로스팅하는 장비.

(유동층 로스터기, Fluidized Bed Roaster, Fluid-Bed Roaster, Sivetz Roaster)

• Air quenching(공기 냉각)

로스팅 완료 시 빠른 송풍을 이용해 커피의 로스트를 중지하고 냉각시키는 것.

• Alkaline(알카리성)

찌르는 맛과 관련 있는 이차적인 미각.

- Alqueir(알키어)

  전통적인 용량 및 토지 측정 단위. 1알키어는 0.35에이커에서 24에이커까지 다양한 토지 측정 단위와도 같다.

- American roast(아메리칸 로스트)

  미디엄 로스트를 뜻하는 전통적인 용어로 원두 표면이 중간 정도의 갈색인 것이 특징이다.

- Appellation(아펠라시옹)

  눈에 띄게 뚜렷한 플레이버 특성을 가진 지리학적인 재배지를 가리키는 용어. 주로 와인에서 사용한다.

- Aquapulp method(아쿠아펄프 방식)

  기계로 빈의 과육이나 점액질을 벗겨 내는 커피 프로세싱 방법.

- Arabica(아라비카)

  에티오피아가 원산지인 전통적인 커피 품종. 티피카, 버번을 포함해 다양한 품종이 있다.

- Aroma(아로마)

  커피의 향.

- Arroba(아로바)

  스페인어 통용 국가에서 쓰이는 용량 측정 단위. 25파운드에 해당한다.

- Astringent(아스트린젠트)

  혀가 마르는 듯한 느낌으로 커피에서 미성숙한 빈 때문에 흔히 생긴다. 자동화 장비, 프로세스 또는 시스템을 작동하거나 제어한다.

B

- **Bacterial blight**(박테리아성 마름병)

  습하거나 추운 환경에서 발생할 수 있는 커피 병.

- **Bag**(백)

  커피 포대. 백의 중량은 원산지마다 다르지만 전통적으로 60~69kg이다.

- **Baggy**(배기)

  포대 맛과 비슷한 이상한 맛이나 냄새. 보관상의 문제나 생리학적인 문제로 일어난다.

- **Baked**(구운 맛)

  단조롭고 밋밋하거나 느껴지지 않는 맛. 너무 낮은 온도에서 느리게 로스팅한 커피에서 흔히 발생한다.

- **Balanced**(균형감)

  둘 이상의 주된 미각이 조화롭게 어우러짐을 뜻한다. 적당한 범위에서 모든 기본적인 특성이 포함되며 미적으로도 만족스럽다.

- **Basic taste**(기본 맛)

  단맛, 신맛, 짠맛, 쓴맛.

- **Batch roaster**(배치 로스터기)

  정해진 용량의 커피 생두를 한 번에 로스팅하는 장비. 연속적인 로스터기와 다르게 배치 로스터기는 로스팅 시작 및 정지 시간을 특정할 수 있다.

• Bean Probe(빈 온도계)

　로스터가 빈의 표면 온도를 판독할 수 있도록 로스터기에 장착된 여러 가지 형태의 온도계.

• Bean Temperature(빈 온도)

　로스팅하는 동안 빈의 표면 온도. 일반적으로 로스팅 과정에서 온도 제어를 위해 사용된다.

• Beneficio(베네피시오)

　커피 프로세싱 시설을 가리키는 중앙아메리카 커피 용어.

• Bird Friendly(버드 프렌들리)

　차광 방식의 커피 재배를 통한 조류 서식지 보호 및 기타 환경 보호에 중점을 둔 스미소니언 철새연구소(Smithsonian Institution's Migratory Bird Center)의 지침에 따라 재배한 커피에 지급하는 인증서.

• Bitter(쓴맛)

　혀 뒤쪽에서 느껴지는 거칠고 불쾌한 맛. 모든 커피는 로스팅의 특성상 약간의 쓴맛을 가지며 적당한 쓴맛은 단맛과 균형감을 이룬다. 다크 로스트나 과하게 추출된 커피에서 흔히 나는 맛이다.

• Black bean(블랙 빈)

　흔히 발견되는 생두의 물리적 결점으로 외부 또는 내부가 50% 이상 검정색이다. 보통 성장 과정에서 감염 또는 땅에서 주운 체리의 장시간 발효로 생긴다.

• Bland(블랜드)

　뚜렷한 맛의 특징이 부족하다. 플레이버가 거의 없다. (=dull, mild, tasteless)

- Body(바디)

    입에서 느껴지는 커피의 무게감이나 점성에 대한 촉각적인 느낌. (=Mouthfeel)

- Bouquet(부케)

    브루잉 커피에서 아로마에 대한 전반적인 느낌. 건조 상태의 분쇄 커피에서 최초로 느껴지는 향에 대한 아로마 프로파일, 브루잉 커피의 아로마, 마실 때 후각의 느낌을 모두 합친 것. (=Fragrance)

- Breaking the crust(브레이킹 더 크러스트)

    커핑 과정에서 맛을 보기 전에 컵의 표면 위에 떠 있는 굵은 가루를 걷어 내는 작업.

- Brokens(깨진 빈)

    가공하는 동안 깨지거나 부서진 빈. 결점두로 간주한다.

- Burnt(탄)

    쓰거나 스모키하거나 탄내가 나는 맛의 특징. 오버 로스트된 브루잉 커피에서 흔히 발견된다.

- Buttery(버터리)

    풍부한 플레이버를 가진 오일리한 바디 또는 텍스처.

C

- C&F

    비용(Cost)과 운임(freight)을 지칭하는 일반적인 구매 관련 용어. 커피 상품이 적재될 때까지 판매자가 이를 소유하고 판매 가격에는 선박 운임을 포함해 적재될 때까지 모든 비용이 포함되는 방식이다.

• "C"Market(C마켓)

커피 상품이 판매되는 뉴욕 상품거래소(Newyork Board of Trade)의 상품 거래 시장.

• C.I.F

비용(Cost), 보험(Insurance), 운임(Freight)의 약칭. 구매 관련 용어로서 판매자가 보험금 수익자라는 점을 제외하고 C&F와 유사하다.

• Caffein(카페인)

커피 생두와 잎에서 발견되는 쓴맛이 나는 흰색의 알칼로이드.

• Caffeine content(카페인 함유량)

상품 내에 들어 있는 카페인의 양.

• Caffeol(카페올)

로스팅 중에 생성되는 휘발성 방향 물질.

• Caramelized(캐러멜화)

조리하거나 갈변한 설탕에서 나는 탄 듯한 플레이버. 강한 커피의 플레이버를 보완하는 이상적인 단맛.

• Caramelly(캐러멜리)

조리한 설탕의 냄새와 맛으로서 탄맛은 없음.

- CO_2 Process(이산화탄소 프로세스)

  생두를 농축한 이산화탄소에 적셔 카페인을 추출하는 카페인 제거 공정. 카페인은 활성탄소 필터를 이용해 제거되고 커피에서 더 많은 카페인을 추출하기 위해 사용된다.

- Caustic(소다 맛)

  얼얼하고 시큼한 맛.

- Certification(인증)

  커피가 특정한 사회적·환경적 가치 기준에 맞추어 재배, 수확, 처리되거나 로스팅되었음을 보여주는 방식. 원산지 인증, 국가 인증 또는 정치적 지역 인증 기준에 부합하는 커피를 의미한다.

- Chaff(채프)

  프로세싱 후에 생두에 남아 있는 커피 열매의 얇은 껍질.

- Chaff Collector(채프 콜렉터)

  채프를 모으도록 설계된 로스팅 장비의 구성품.

- Chemically(화학성분 맛)

  페놀이나 탄화수소를 연상시키는 맛 또는 아로마. 커피에 내재되어 있었거나 오염으로 인해 생긴다.

- Cherry(체리)

  커피나무의 열매를 말하며 체리 하나에는 두 개의 커피 빈 또는 하나의 피베리가 들어 있다.

• Chocolatey(초콜릿 향)

무설탕, 약간 달콤한, 또는 밀크 초콜릿, 코코아 및 또는 바닐라를 연상시키는 좋은 맛 또는 아로마.

• Cinnamon(시나몬)

때로는 아로마에서 발견되는 강한 향신료. 라이트 로스트 뉘앙스의 향미.

• Cinnamon Roast(시나몬 로스트)

매우 라이트한 로스트를 지칭하는 용어로 빈 표면에는 오일이 거의 없거나 전혀 없다.

• City Roast(시티 로스트)

라이트에서 미디엄에 이르는 로스트.

• Clean(클린)

'클린컵'은 오염이나 결점이 없는 커피를 지칭한다. 반드시 깨끗한 느낌의 플레이버를 의미하지는 않는다. 코코아 같은 달콤한 초콜릿 향이 날 때는 긍정적인 플레이버 특징이지만 완전히 묵은 원두 맛의 결점이 될 수도 있다.

• Coffee Berry Borer(커피 베리 천공 열매)

자신과 숙주 식물의 전 성장기 동안 커피 빈을 먹는 커피 해충. 결점두를 만들 수 있다.

• Coffee Berry Disease(커피베리 질병)

커피탄저병균(Colletotrichum Coffeanum)의 강한 변종으로 유발되는 커피 질병. 곰팡이가 나무껍질에 살면서 체리를 공격하는 포자를 생산한다. 결점두를 만들 수 있다.

- Coffee blossom(커피 꽃)

  커피에서 나는 아로마 향으로 자스민과 유사한 커피나무의 흰색 꽃을 말한다.

- Coffee Classification(커피 분류)

  결점의 수량과 정도, 생두의 크기, 컵 품질 등 다양한 요소를 가지고 커피를 분류 및 등급 지정하는 방법이다.

- Coffee Leaf Rust(커피 녹병)

  비와 바람에 의해 식물의 아래쪽 병변에서 포자로 퍼지는 커피나무의 질병. 1970년 브라질에서 최초로 발견되었고 현재 대다수의 커피 재배 국가에서 발생한다.

- Coffee Oil(커피 오일)

  로스팅 과정에서 빈 안에 만들어지는 휘발성 커피 에센스.

- Commercial coffee(커머셜 커피)

  "C"마켓에서 거래되는 낮은 등급의 커피.

- Complex(복합성)

  플레이버의 밸런스와 강도를 나타낸다. 플레이버와 언더톤, 흥미롭게 혼합된 커피 느낌의 에프터테이스트를 말한다. (=Deep)

- Container(컨테이너)

  약 18톤에 해당하는 커피 양.

- Continuous Roaster(연속 로스터기)

  배치 단위 대신 연속해서 커피를 로스팅하는 대형 상업용 로스터기.

- **Cooling Tray**(냉각 트레이)

  막 로스팅된 커피를 식히기 위해 교반이 달린 원형의 모양을 가진 장비의 구성품으로, 수냉 방식이 장착되지 않은 로스터기에서 로스팅 진행을 멈추는 데 사용할 수 있다.

- **Creamy**(크리미)

  버터리보다는 다소 덜한 바디감.

- **Creosoty**(타르 맛)

  찌르는 듯한 느낌. 일부 다크 로스트된 커피의 후미에서 발견되며 쓰고 탄 듯한 느낌을 낸다.

- **Cup of Excellence**(컵 오브 엑설런스)

  수확 연도의 최고 품질 싱글 랏 커피를 국내 및 국제 심판들을 통해 순위를 매기는 커피 대회 및 경매 시스템.

- **Cupping**(커핑)

  커피 원두 플레이버 및 아로마 프로파일에 대한 센서리 평가. 원두를 분쇄해 물을 붓고 뜨거울 때와 식었을 때의 맛을 비교, 평가한다.

- **Cupping Spoon**(커핑 스푼)

  둥근 모양의 스푼으로 커핑 세션에서 맛을 보는 데 사용된다. 플레이버와 아로마에 영향을 주지 않기 위해 은 또는 스테인리스 스틸 재질로 되어 있다.

- **Current Crop**(커런트 크롭)

  최근에 수확되어 프로세싱을 마친 생두. (=New Crop)

D

- Data logger(데이터 로거)

    로스팅이 진행되는 동안 시간과 온도 데이터를 기록하는 장치.

- Data logging(데이터 로깅)

    로스팅을 돕기 위해 로스팅 시간 및 온도의 데이터를 기록하는 행위. 수동 또는 자동으로 할 수 있다.

- Decaffeination(카페인 제거)

    커피에서 카페인을 없애는 과정.

- Defect(결점)

    수확부터 로스팅 후 포장까지의 과정에서 생기는 문제로 인해 커피에서 발견되는 안 좋은 플레이버 특성. 플레이버의 결점(Flaver defect) 혹은 시각적인 결점(Visual defect) 등을 말한다.

- Degassing(가스 제거)

    최근 로스팅된 커피에서 이산화탄소를 방출하는 자연적인 과정. 섬세하고 만족스러운 맛이나 냄새. 마일드하고 가벼우며 잠깐 감도는 느낌으로 젠틀(Gentle)이나 멜로우(Mellow)로 표현할 수 있다.

- Demucilage(점액질 제거)

    새로 수확한 커피열매의 점액질을 기계에 문질러 제거하는 절차.

- Dilution and Dispersion(희석 및 분산)

  커피 로스팅 배출가스의 부정적인 영향을 줄여주는 절차로 배출하는 가스에 신선한 공기를 섞어준다.

- Dirty(더티)

  깔끔하지 않고 좋지 않은 냄새나 맛, 신맛, 흙냄새, 곰팡내 같은 결점을 뜻한다.

- Double-Picked(더블 픽)

  불완전한 빈, 돌멩이 등 결함을 가려내기 위해 핸드픽으로 두 번 골라낸 커피.

- Drum Roaster(드럼 로스터기)

  로스터기 안의 드럼을 가열하고 뜨거운 공기를 드럼으로 불어 가열하는 방식.

- Dry Process(드라이 프로세스)

  체리인 상태에서 수확해 건조하는 가공 프로세스. 드라이 프로세스로 가공한 커피는 워시드 프로세스로 처리한 커피에 비해 흔히 산미는 낮고 바디는 무겁다.

- Drying Cycle(건조 사이클)

  로스팅 프로세스의 첫 번째 단계로 빈의 온도가 섭씨 100도까지 상승한다. 이 단계에서 빈은 밝은 녹색에서 옅은 황색으로 바뀐다.

- Dull(덜)

  특징이 없는 커피를 설명하는 데 사용하는 용어. 플랫(Flat)으로 표현할 수 있다.

E

- **Earthy**(흙, 얼디)

  드라이 프로세스로 처리된 낮은 산도의 특정 커피에서 발견되는 복잡한 곰팡내. 흔히 워시드 커피의 결점으로 간주한다.

- **EAFCA**(동아프리카 커피협회)

  동남부 아프리카 여러 국가와 아프리카 밖의 커피 생산자, 가공업자, 마케팅 종사자 및 조직으로 이루어진 협회.

- **Environment Temperature**(환경 온도)/**Drum Temperature**(드럼 온도)

  로스트 순환 동안의 로스팅 챔버 내 온도. 때에 따라 온도를 조절할 때 사용된다.

- **Ethyl Acetate**(에틸아세테이트, $C_4H_8O_2$)

  향긋한 과일 향을 가진 무색, 휘발성, 인화성 액체. 카페인 제거 물질로 사용된다.

- **Exhaust Temperature**(배기 온도)

  커피 로스터기의 배기 흐름 온도.

- **Emissions Control**(배출 관리)

  일반적으로 지역의 환경, 연기, 악취 규제에 따라 로스팅 배출 물질을 규제하는 절차.

F

- **F.O.B**(Free on board, 본선인도)

  운선용어. 구매자가 운송자를 지정하면 판매자가 그 사람에게 화물을 전달하는 방식이다.

- **Fair Trade**(공정무역)

  국제 공정무역 또는 미국 공정무역의 가이드라인을 준수하여 재배된 커피를 증명하는 인증서. 이 가이드라인은 커피 협동조합에서 일하는 노동자들에게 생활 임금을 제공할 목적으로 만들어졌다.

- **Fermentation**(발효)

  껍질을 벗긴 파치먼트를 탱크에 두는 동안 천연 효소에 의해 끈적한 과육이 헐거워지게 되는 커피의 프로세싱 단계이다.

- **Fermented**(발효)

  시고 매캐한 식초 맛 또는 냄새. 뚜렷하게 느낄 수 있는 불쾌함이 특징이며 가공 단계에서 발생하는 결함이다.

- **Finca**(핀카)

  "농장"을 의미하는 스페인어로서 특히 대규모 또는 소규모 커피농장을 지칭한다. 카페탈(Cafetal)이라고도 한다.

- **First Crack**(1차 크랙)

  커피 로스팅의 두 번째 단계. 섭씨 160도에 도달하면 복잡한 화학 반응들이 생기며 이로 인해 갈라지는 소리가 나게 된다.

- Flat(플랫)

  산소에 너무 오랫동안 노출된 커피. 흔히 신선하지 않은 맛이나 종이 맛이 나며 강도가 부족하다. 산미와 관련해서도 쓰이며 산미가 가볍거나 전혀 없는 것을 의미한다.

- Flavor Profile(플레이버 프로파일)

  아로마, 산미, 바디, 단맛, 애프터테이스트의 종합적인 느낌. 보통 대표적인 맛을 구체적으로 설명하여 표현한다.

- Flavor Wheel(플레이버 휠)

  커퍼들이 커피의 결점, 맛 등을 표현하기 위해 사용하는 체계적인 용어 도표. SCA에서 개발하였다.

- Flavored Coffee(향 커피)

  향미물질을 섞은 로스팅된 커피 또는 향미 시럽을 섞은 브루잉 커피.

- Floater(플로터)

  색이 바래거나 탈색된 결점두로 발효된 맛, 쓰고 지푸라기 같은 맛이 난다.

- Fluid-bed Roaster(유동층 로스터기)

  뜨거운 공기를 불어 넣어 생두를 섞으며 로스팅하는 장비.

- Forward Sale(선물 매매)

  향후 일정 기간 특정 구매자가 커피를 얼마나 구매할지를 지정할 수 있게 하는 생두 구매 방식이다.

- Fragrance(향/프래그런스)

  브루잉 전 물기 없는 표면 또는 원두의 향.

- Frenh Roast(프렌치 로스트)

  로스트 종료 온도가 섭씨 약 235~240도인 매우 다크한 로스트. 이 로스트에서 커피는 초콜릿색이며 보통 오일로 덮여 있다.

- Fresh(프레시)

  신선한 커피로 뚜렷하게 좋은 아로마가 특징이다.

- Fruity(과일 향)

  커피에서 감귤류 또는 베리의 아로마를 나타낸다. 또한 발효로 인한 플레이버 결점의 경계를 의미하기도 한다.

- Full bag(풀백)

  원산지 국가에서 백 중량으로 판매되는 커피. 보통 60~70kg 정도이다.

- Full City Roast(풀시티 로스트)

  정지 온도가 섭씨 약 225~230도인 미디엄 로스트.

- Futures(선물)

  향후 커피 구매 또는 판매 조건의 계약.

G

- Gesha(게이샤)

  아라비카 커피 품종으로 과육이 크기가 크거나 길이가 길고 곡선이 아름다운 원두.

- Grade(등급)

  결점, 생두 크기, 수분 함유량 등의 요소를 기준으로 한 특정 커피의 품질 수준. 숫자나 문자 또는 두 개를 같이 혼용하기도 한다.

- Grassy(풀 맛)

  엽록소 또는 허브의 맛이나 냄새가 살짝 나는 결점. 충분히 건조되지 않은 생두와 덜 로스트 된 커피에서 발생한다.

- Green Coffee(생두, 그린커피)

  로스팅되지 않은 커피 빈.

- Green Cofee Association(그린커피연합)

  커피 산업 육성을 위해 커피, 설탕, 코코아의 교환과 관련한 업무를 하는 단체.

H

- Hacienda(아시엔다)

  농장, 목장 또는 대농장.

• HB(하드 빈)

보통 해발 1,200~1,400m의 비교적 높은 고도에서 재배하는 커피.

• Harra(하라)

에티오피아 동부 하라 시 근처에서 재배되며 일반적으로 향기롭고 라이트한 바디와 복합적인 산미가 특징이다.

• Harsh(하쉬)

쓴맛과 거칠고 떫은맛. 소다 또는 약 맛이 날 수 있다.

• Heavy(헤비)

바디나 마우스필의 양을 나타내는 용어.

• HA(헥타르)

관습적으로 토지의 미터를 나타내는 단위로 100에이커와 같다. 1헥타르는 1제곱 헥토미터, 각 면이 100m인 정사각형이며 10,000m² 또는 약 2.47 에이커에 해당한다.

• Heirloom(토착종)

아라비카 품종으로, 다른 재배종과 비교해 야생종과 유전적으로 가까운 품종이다.

• Herby(허비)

허브의 플레이버나 냄새와 유사한 맛.

• Hidy(기름 냄새)

젖은 가죽이나 젖은 개를 연상시키는 불쾌한 냄새. 일반적으로 기계식 드라이어를 이용해 커피를 과도한 열로 건조할 때 생긴다.

- High Grown(고산지 커피)

    900m 이상의 고도에서 재배된 아라비카 커피.

- Home Roaster(홈로스터기)

    홈바리스타/소비자/취미 시장을 겨냥해 제조된 소형 커피 로스터기. 일반적으로 전기 가열식이며 120g 이하를 로스팅한다.

- Hulling(헐링)

    워시드 가공에서 밀링(Milling) 전에 파치먼트와 실버스킨을 벗겨 내는 작업.

I

- Immature Bean(미성숙한 빈)

    실버스킨이 밀착된 작은 기형 생두. 컵에서 떫거나 풀 맛이 난다.

- Imperfections(불량)

    깨지거나 조개 모양, 퀘이커 등의 생두 결점을 말한다. 어떤 커피는 샘플에 포함된 불량 생두 개수로 분류한다. 디펙트(=Defect)라고도 불린다.

- Insect Damage(해충)

    해충이 갉아먹은 흔적이나 구멍이 있는 결점두.

- Intensity(강도)

    부케(Bouquet)의 전체적인 수준.

- International Coffee Association. ICO(국제커피협회)

  국제적인 협력을 통해 세계 커피 산업의 문제를 해결하기 위해 생산국과 소비국의 협력을 도모하는 국제 커피 기구.

- International Organization for Standardization(ISO-1401 9000, 국제표준화기구)

  국제표준화기구의 대표들로 구성된 국제 표준 설립 단체. 이 기구에서는 커피에 대한 표준을 비롯하여 전 세계에서 통용되는 산업 및 상업용 표준(ISO 표준)을 만든다.

- Italian Roast(이탈리안 로스트)

  정지 온도가 섭씨 약 230~235도인 다크 로스트. 원두는 오일 입자가 절반 정도 덮여 있다.

K

- Kosher(코셔)

  유대교 의식의 식사법에 따라 식품을 사용하거나 먹도록 허용하는 것. 커피를 포함해 코셔 식품을 관장하는 법률 준수에 대한 인증서.

L

- Le Nez Du Cafe(르 네 뒤 카페)

  커퍼와 로스터 전문가 교육을 위해 향을 넣은 병으로 구성된 플레이버 샘플.

- Lemon(레몬)

  커피에서 발견되는 신선하게 톡 쏘는 향이나 레몬 껍질의 플레이버.

- Licorice(감초)

  감초 뿌리 특유의 사탕 같은 냄새나 플레이버.

M

- Machine-dried(기계 건조)

  기계를 사용해 건조된 커피. 보통 대형 회전식 드럼이나 연속 사일로가 사용된다.

- Malty(몰티)

  로스트된 호두나 메이플 냄새가 나는 플레이버.

- Mature Coffee(숙성 커피)

  창고에 2~3년 동안 보관한 커피. 올드크롭보다 오래 보관하였으나 에이지드나 빈티지 커피보다는 기간이 짧다.

- Medicinal(약품 냄새)

  화학약품이나 떫은맛으로 좋지 않은 플레이버 또는 냄새.

- Mellow(멜로우)

  낮은 산미에서 중간 정도의 산미를 가진 균형감이 좋고 달콤한 커피.

- Metallic(금속성)

  금속 맛이 나는 커피로, 보통 성숙 빈에서 발견된다. 떫거나 쓴맛을 동반하기도 한다.

- Methylene Chloride(염화메탈렌, CH_2CL_2)

  카페인 제거 물질로 이용하는 무색 휘발성 액체.

- Mild(마일드)

  멜로우와 연관된 맛. 부드럽고 달콤한 커피.

- Milling(밀링)

  프로세싱을 마친 빈에서 마른 파치먼트를 벗겨 내는 것.

- Mini C(미니C)

  뉴욕상품거래소(New York Board of Trade)의 "C" Contract의 축소 버전. 소규모 랏 커피의 판매자와 구매자가 이용할 수 있는 미래형 커피시장을 마련하기 위해 고안되었다.

- Moldy(몰디)

  습도과 높은 보관 환경으로 외형적 결점이나 플레이버의 결점이 생김.

- Monsooned Coffee(몬순 커피)

  바디의 증가와 산미 감소를 위해 옥외형 창고에서 우기와 바람에 인위적으로 노출시킨 커피.

- Mouthfeeel(마우스필)

  입에서 느껴지는 중량감이나 점도.

- Muddy(머디)

  흐릿하고 뚜렷하지 않은 플레이버. 커피 찌꺼기에서 나온 침전물이 많다.

- Musty(머스티)

  퀴퀴한 지하실 냄새가 나는 결점 플레이버. 숙성커피나 몬순커피에서 느낄 수도 있다.

N

- National Coffee Association(미국커피협회)

  커피산업을 위한 교역 중심 협회.

- Natural Process(내추럴 프로세스)

  커피체리를 말린 후 껍질이나 과육을 제거하는 가공 방법.

- Neutral(뉴트럴)

  기본적으로 특징이 없는 커피. 장점도 없지만 결점도 없는 무미한 커피.

- New Crop(뉴크롭)

  최근에 수확되어 프로세싱을 마친 생두.

- New York Board of Trade, NYBOT(뉴욕상품거래소)

  커피와 설탕을 포함한 농산물과 금융 상품의 국제 선물 시장.

- Nippy(니피)

  산미가 높고 매우 클린한 커피의 맛.

- Non-linear Process Control System(비선형 프로세스 제어 시스템)

  비선형 함수를 이용하여 로스팅 경로를 정의하는 제어 시스템. 일반적으로 선형 제어 시스템보다 더 정교하다.

- Nose(노즈)

  커피를 삼킬 때의 미각과 후각이 결합한 감각. 후미의 아로마 성분. 대표적으로 캐러맬리, 너티, 몰티 등이 있다.

- Nutty(너티)

  구운 견과류의 아로마. 브루잉 커피에서 흔히 발견된다.

O

- Oily(오일리)

  로스트된 커피의 표면을 묘사한다. 다크 로스트의 특징이다.

- Old Crop(올드크롭)

  수확 시기의 후반부를 지나간 생두.

- Organic(오가닉)

  살충제, 제초제 또는 유사 화학물을 사용하지 않고 재배, 가공한 것으로 제3기관에 의해 인증을 받은 커피.

P

- Papery(종이)

  젖은 종이나 판지 맛 같은 이취. 종이 필터나 카페인 제거 프로세스 때문에 생기기도 한다.

- Parchment(파치먼트)

  펄프 제거 및 건조 후 프로세스된 빈을 덮고 있는 얇고 잘 부서지는 외피.

- Parchment Coffee(파치먼트 커피)

  마른 파치먼트가 아직 덮여 있는 커피. 파치먼트는 로스팅 전 밀링으로 제거한다.

- Past Crop(패스트크롭)

  지난 수확 연도부터 보관되어 있는 생두.

- Past Croppish(패스트 크로피시)

  로스팅 전에 생두 상태에서 변질된 커피로, 맛이 약해지거나 톤다운이 되어 있다. 특히 산미가 더 낮고, 바디나 아로마가 약하다.

- Patio-dried(파티오 건조)

  개방된 파티오에서 얇게 펴서 햇볕에 건조한 커피.

- Peaberry(피베리)

  체리 안에 씨가 두 개가 아닌 한 개가 들어 있는 작고 둥근 빈. 카라콜(Caracol)이라고도 한다.

- Perforated(다공판 드럼)

  표면에 구멍이 빽빽하게 뚫린 형태의 드럼 로스터기.

- Petroleum(석유)

  일반적으로 오염에 기인한 이상한 맛과 냄새. 허술하게 보관된 백의 커피에서 흔히 발견된다.

- Piquant(피컨트)

  뚜렷하고 기분 좋은 산미. 다소 시큼하거나 자극적으로 느낄 수 있다.

- Pointed(포인티드)

  약간 찌르는 듯한 산미.

- Potatoey(감자 같은)

  생감자의 불쾌하고 부정적인 맛.

- Processing(프로세싱)

  커피가 원산지에서 가공된 방식. 드라이, 워시드 등 프로세싱 종류에 따라 커피의 특정 아로마와 맛의 강도가 달라진다.

- Profile(프로파일)

  로스팅 프로세스 동안의 커피의 온도 경로로서 일반적으로 시간과 온도 그래프로 구성되어 있다.

• Profile Roasting(프로파일 로스팅)

로스팅 프로세스 동안 커피에 대한 열 전달 속도를 제어하는 기술로 플레이버의 최적화와 반복성을 목표로 한다. 또한 프로파일 변경을 통해 맛을 바꾸기 위해 로스팅 과정 동안 측정과 반복이 가능한 조치를 취하는 것을 의미한다.

• Profile Roasting System(프로파일 로스팅 시스템)

버너, 공기의 흐름이나 드럼 회전 속도를 조절하기 위해 하드웨어를 이용하는 제어 시스템.

• Profilling(프로파일링)

로스팅을 프로파일 하는 행위. 흔히 그래프 형식으로 작성된다.

• Pruny(프루니)

일부 다크 로스트 커피에서 발견되는 자두를 연상하는 과일 맛.

• Pulping(펄핑)

체리의 겉껍질을 제거하는 것.

• Pungent(쏘는 맛)

일반적으로 페놀맛을 내는 화합물로 인해 생긴다.

• Pyrolysis(열분해)

로스팅 과정에서 지방과 탄수화물이 화학적으로 분해되어 커피에서 아로마와 상당량의 플레이버를 내는 섬세한 오일로 바뀌는 것.

Q

- **Q Auction(큐옥션)**

  온라인 옥션에 의해 스페셜티 등급으로 지정된 생두를 선택하여 거래하는 시장.

- **Quaker(퀘이커)**

  손상되고 미성숙한 빈.

- **Quakery(퀘이커리)**

  덜 익거나 미성숙한 빈에서 나는 플레이버로 로스팅 시 일반 빈과 차이가 심하다.

- **Quintal(낀딸)**

  중량 단위. 커피 측정 시 약 46kg에 해당하지만 나라별로 크기가 달라진다.

R

- **Rainforest Alliance(열대우림연맹)**

  열대우림연맹의 가이드라인에 따라 재배된 커피에 지정해주는 인증서. 연맹의 가이드라인은 생태계의 보호와 지속가능한 사회적 실천을 목표로 한다.

- **Rancid(산패)**

  오래된 기름 냄새와 같이 산패된 냄새나 맛. 시큼하고 불쾌한 냄새.

- Rank(악취)

    주로 과다 발효 또는 오염으로 인한 불쾌한 플레이버.

- Resonant(퍼지는)

    오래 지속되는 후미.

- Rich(풍부한 맛)

    부케(Bouquet)의 묘사어로 쓰인다. 복잡하고 깊은 플레이버, 좋은 아로마, 완벽한 바디를 나타내기도 한다.

- Rioy(리오)

    심한 소독 냄새 또는 요오드로 플레이버의 결점.

- Roasters Guild(로스터스 길드)

    최상품 커피 로스팅 기술에 전념하는 스페셜티 로스터들로 구성된 스페셜티 커피연합의 상업조합.

- Robusta(로부스타)

    생산량이 많고 질병에 강한 커피 품종으로 아라비카 커피보다 카페인 함유량이 높다.

- Round(라운드)

    풍부하고 균형감 있는 커피.

- Rounded(라운디드)

    중간 정도의 부케를 양적으로 묘사한 말.

- Rubbery(고무 냄새)

  일부 로부스타 커피의 특유의 향으로 다크 로스트에서 나타날 때도 있다.

S

- Scorched(그슬림)

  로스팅 결함. 불쾌하고 상한 냄새를 풍기며 추출한 커피에서도 발현이 덜 된 맛이 난다.

- Second Crack(2차 크랙)

  로스팅에서 생두가 탈수되어 부서지기 쉬운 상태로 변하는 단계. 이로 인해 커피에 금이 가면서 탄화를 시작해 다크 로스트의 탄 듯한 특징을 가지게 된다.

- Set Point Process System(셋 포인트 프로세스 시스템)

  온도 조절 장치와 유사한 단순 전원 온오프 방식을 이용하는 로스팅 제어 시스템.

- Shell(쉘)

  속이 비어 있는 조개 모양이 특징인 결점두.

- Silverskin(실버스킨)

  커피 열매의 얇은 속껍질. 빈에 남아 있던 실버스킨은 로스팅 과정에서 채프로 변한다.

- Single Estate(단일 농장)

  하나의 농장, 밀 또는 집단에서 생산되어 다른 커피와 별도로 판매되는 커피.

- Single Origin(싱글 오리진)

  한 국가, 지역 또는 농장의 블렌딩되지 않은 커피.

- Size Classification(사이즈 분류)

  생두를 크기별로 분류하는 방식으로 둥근 구멍이 달린 여러 치수의 스크린에 빈을 통과시킨다. 사이즈는 최소 13부터 대형 20까지 있다. 피베리는 타원형 구멍이 있는 사이즈 9~13스크린으로 구분한다.

- Smoky(스모키)

  훈제한 음식을 연상시키는 맛으로 보통 긍정적인 묘사어로 쓰인다.

- Smooth(스무스)

  바디가 중간에서 낮은 정도인 커피를 나타내는 양적 묘사어다.

- Soapy(비누 같은)

  얼디나 더티 같은 이취 표현과 비슷하다.

- Soft Bean(소프트빈)

  고도가 낮은 지역에서 재배된 커피.

- Solid Drum(솔리드 드럼)

  표면이 두꺼운 드럼을 가진 로스터기.

- Sours(사우어)

  황색, 갈색, 붉은색의 외관이 특징인 결점두. 잘못된 재배나 프로세싱으로 발생한다.

- Specialty Coffee(스페셜티커피)

    공인된 품질을 얻기 위해 정성과 정교한 기술로 생산되는 커피. 허용되는 결점 기준 안에 들어오는 생두를 지칭하기도 한다.

- Specialty Coffee Association, SCA(스페셜티커피협회)

    스페셜티커피를 취급하는 로스터, 도소매업자, 수입업자, 재배자, 제조업체 등으로 이루어진 전 세계적인 협회.

- Spicy(스파이시)

    향신료를 연상시키는 아로마 또는 플레이버로 때로는 맵거나 톡 쏘는 맛과 연관된다. 정향이나 시나몬 등으로 표현한다.

- Split Bag(스플릿백)

    풀백보다 조금 적은 양으로 판매되는 커피.

- Spot Sale(스팟세일)

    현 시점의 재고와 가격에 따라 생두를 현장에서 구매하는 것.

- Stage Process System(스테이지 프로세스 시스템)

    사전 정의된 경로 또는 프로그램을 따르는 로스팅 제어 시스템.

- Stale(묵은 맛)

    오래되고 변질된 로스트 커피에서 발견되는 불쾌한 맛.

- Strength(강도)

    일반적으로 브루잉 커피를 계량화하는 데 쓰이는 용어로 한가지 특징이 두드러지게 나타나는 것에 대한 정도가 아니라 가용성 고형물의 농도를 통해 측정한다.

- SHB(Strictly Hard Bean)

  해발고도 1,350m 이상에서 재배된 커피.

- Strong(강한 맛)

  가장 높은 가용성 고형물의 강도 또는 어떤 한 가지 맛의 강도를 의미한다. 장점뿐만 아니라 결점을 묘사할 때도 사용한다.

- Sun-dried(일광 건조)

  건조용 선반이나 파티오에서 얇게 펴 햇볕에 노출시켜 건조한 커피.

- Super Sack(슈퍼색)

  백보다 큰 자루에 담아 판매하고 운송하는 방식.

- Sustainable Coffee(지속가능한 커피)

  환경 및 사회적으로 지속가능한 방식으로 재배하고 판매되는 커피.

- Swiss Water Process(스위스 워터 프로세스)

  상표 등록된 카페인 제거 방식으로 뜨거운 물과 증기, 활성탄을 이용해 커피에서 카페인을 제거한다.

T

- **Taint**(테인트, 결점)

  커피의 모든 경로에서 생기는 부정적인 맛이나 프레그런스 또는 아로마.

- **Taste**(맛)

  단맛, 신맛, 짠맛, 쓴맛의 네 가지 기본 맛을 결합한 종합적인 감각.

- **Terroir**(테루아)

  커피의 원산지로 인해 나타나는 아로마와 맛의 개성을 뜻하며 특정 재배 지역이나 고도 또는 가공 방식에 따라 달라진다.

- **Tipped**(끝이 탄)

  로스팅 결점으로 끝부분이 탄 커피. 드럼 온도를 과도하게 높인 상태에서 로스팅을 시작하거나 커피 종류에 맞지 않게 너무 빨리 로스팅하는 경우에 생긴다.

- **Triangle Cupping**(트라이앵글 커핑)

  커퍼가 세 잔의 커피를 맛보고 두가지와 다른 하나를 식별하는 방식의 커핑. 대비되는 샘플을 비교하기 위해 사용되며 스킬 훈련 기술로 사용되기도 한다.

U

- **Umami**(감칠맛)

  흔히 '제 5의 미각'으로 불리며 향긋하거나 고기 등을 연상시키는 맛이다. 우마미라고도 한다.

- **Under-developed**(언더디벨롭)

  발현이 덜 되거나 너무 낮은 온도에서 느리게 로스팅된 커피.

- **UTZ**

  UTZ의 가이드라인에 따라 재배된 커피에 지정하는 인증서로 책임 있는 커피 생산과 공급을 목적으로 개발되었다.

V

- **Vapid**(김빠진)

  특징이나 생기가 없을 때 쓰는 표현으로 특히 산미가 부족할 때 쓴다.

- **Velvety**(벨벳)

  강도와 바디가 무겁고 산미가 낮음.

W

- Washed Process(워시드 프로세스)

    수확 후 건조 전에 과일에서 씨앗을 분리하는 과정으로 이 프로세스를 마친 커피는 깔끔하고 좋은 산미를 가진다.

- Water Process(워터 프로세스)

    상표 등록된 카페인 제거 방식으로 이산화탄소 방법과 유사하지만 활성탄 필터를 이용해 카페인을 제거하는 대신, 2차 탱크 안에서 물로 CO_2를 씻어낸 후 재순환시켜 커피에서 카페인을 더 추출한다.

- Water Quench(수냉 방식)

    오버 로스팅과 원두의 아로마 손실을 방지하기 위해 신속히 물로 식히는 방법.

- Watery(워터리)

    바디와 관련되면 커피 맛이 연한 것을 의미한다. 강도와 관련되면 플레이버가 약한 것을 말하며, 빈 안에 가용성 고형물이 적거나 물과 커피의 비율이 낮아서 생길 수도 있다.

- Whole-bean Coffee(원두커피)

    로스트된 분쇄 전의 커피.

- Woody(우디)

    패스트크롭 또는 낮은 고도에서 재배된 커피의 독특한 결점. 삼나무나 샌들우드 같은 좋은 나무의 향이나 플레이버를 뜻하기도 한다.

V 로스트마스터 기출문제

01. 다음 중 로스팅 과정에서 변화하지 <u>않는</u> 것은?
① 부피의 변화
② 무게의 변화
③ 향의 변화
④ 그린커피 특성의 변화

02. 다음 그린커피를 로스팅할 때 일어나는 변화에 대한 설명 중 맞는 것은?
① 갈변화가 일어난다.
② 무게가 증가한다.
③ 밀도가 커진다.
④ 부피가 줄어든다.

03. 그린커피를 풀 시티(Full-city) 이상 로스팅했을 때, 원두의 수분 함량에 가장 가까운 것은?
① 약 1%
② 약 5%
③ 약 7%
④ 약 9%

04. 로스팅으로 가장 많이 감소되는 생두 성분은?
① 단백질
② 카페인
③ 수분
④ 지방

05. 다음 그린커피를 로스팅할 때 일어나는 변화 중 <u>틀린</u> 것은?
① 휘발성 향기 성분이 생성된다.
② 로스팅 정도는 로스팅 과정의 가열 온도로만 결정된다.
③ 로스팅에 의해 생성된 카페인은 로스팅 후 큰 변화가 없다.
④ 그린커피의 수분 함량이 줄어들고, 부피가 약 50% 이상 증가한다.

정답 01. ④ 02. ① 03. ① 04. ③ 05. ②

06. 원두의 갈색 색소 형성에 대한 설명으로 틀린 것은?
① 그린커피에 함유된 자당의 캐러멜화에 의한 것이다.
② 아미노산과 환원당 간의 마이야르 반응에 의한 것이다.
③ 갈색색소는 저분자 물질로 구성되어 있다.
④ 클로로겐산이 단백질 및 다당류와 반응하여 갈색 색소를 형성한다.

07. 다음 중 로스팅 단계에 대한 설명으로 옳지 않은 것은?
① 로스팅 단계는 로스팅 과정의 가열 온도와 시간에 의해 결정된다.
② 로스팅 단계는 기계적으로 측정한 L값(명도)으로 나타내기도 한다.
③ 로스팅이 약해질수록 로스팅 단계를 나타내는 L값은 감소한다.
④ 원두의 갈색 정도를 표준샘플과 비교해서 로스팅 단계를 정하기도 한다.

08. 일반적인 로스팅에서 가장 많이 소멸되는 그린커피의 고형성분은?
① 단백질   ② 카페인
③ 탄수화물   ④ 지방

09. 다음 성분 중에서 그린커피에 가장 많이 함유되어 있는 것은?
① 비타민   ② 탄수화물
③ 지질   ④ 무기질

10. 다음 중 로스팅이 진행되면서 가장 뒤에 조성되는 향기는?
① Nutty   ② Caramelly
③ Chocolaty   ④ Spicy

정답 06. ③ 07. ③ 08. ③ 09. ② 10. ④

11. 일부 커피로스터에 부착된 댐퍼(Damper)의 기능으로 볼 수 없는 것은?

① 드럼 내부의 공기 흐름을 조절하는 기능

② 드럼 내부의 열량을 조절하는 기능

③ 실버스킨을 배출하는 기능

④ 흡열과 발열 반응을 조절하는 기능

12. 미성숙 그린커피가 많이 혼합되면 로스팅 단계에서 문제가 발생되며, 추출한 커피는 떫은 맛이 강하고 맛이 없다. 다음 중 가장 큰 이유는 무엇인가?

① 성숙도에 따른 크기의 차이

② 성숙도에 따른 성분 구성의 차이

③ 성숙도에 따른 타닌 함량의 차이

④ 성숙도에 따른 카페인 함량의 차이

13. 커피 로스팅의 기본적인 세 단계에 속하지 않는 것은?

① 건조(Dry)   ② 열분해(Pyrolysis)

③ 냉각(Cooling)   ④ 포장(Packing)

14. 마이야르 반응(Maillad Reaction)에 대한 설명으로 틀린 것은?

① 미량의 아미노기(Amino Group)와 환원당인 카르보닐기(Carbonyyl Group)가 작용하여 갈색의 중합체인 멜라노이딘(Melanoidine)이라는 물질을 만든다.

② 열에 불안정하여 가열이 진행되면 분해가 급격히 빨라지며 니코틴산과 휘발성 향기 물질인 피리딘을 생성하고 비타민군의 일종인 니아신(Niacin)을 생성한다.

③ 프랑스 화학자 마이야르가 처음 발표하여 마이야르 반응이라 한다.

④ 마이야르 반응 후반기에서는 많은 양의 탄산가스를 발생시킨다.

정답 11. ④ 12. ② 13. ④ 14. ②

15. 로스팅에 의한 원두의 물리적 변화 중 로스팅이 진행됨에 따라 값이 증가하지 않는 것은?

① 가용성 성분

② 휘발성 성분

③ 밀도

④ 부피

16. 그린커피를 로스팅할 때 일어나는 성분의 화학적 변화에 대한 설명 중 틀린 것은?

① 유리아미노산 증가

② 트리고넬린 분해

③ 글루탐산 증가

④ 클로로겐산 감소

17. 캐러멜화 반응에 대한 설명으로 옳지 않은 것은?

① 당분의 분해반응이므로 질소원(아미노산)이 필요하지 않다

② 클로로겐산의 일부가 퀸산(Quinicacid)과 카페산(Caffeic acid)로 분해된다.

③ 마이야르반응에 비해 더 높은 150℃ 이상의 온도에서 발생한다.

④ 멜라노이딘과 향미성분을 형성한다.

18. 다음 중 커피의 갈색색소 형성반응이 아닌 것은?

① 그린커피에 함유된 불포화지방산의 자동산화

② 단백질, 다당류 혹은 클로로겐산, 트리고넬린 분해물질이 결합된 고분자 혼합물

③ 아미노산 및 환원당 사이의 마이야르반응

④ 슈크로오스의 캐러멜화

정답 15. ③ 16. ① 17. ④ 18. ①

19. 다음은 커피의 성분에 대한 설명이다. 설명에 답으로 옳은 것은?

> 가. 그린커피 구성의 0.3~0.8%로 원두 향기 형성의 중요한 성분이다.
> 나. 주로 당과 반응하여 멜라노이딘 생성 및 향기성분으로 변화한다.
> 다. 열에 약하여 로스팅 시 급격하게 소실된다

① 트리고넬린
② 단백질
③ 탄수화물
④ 유리아미노산

20. 다음은 커피의 성분에 대한 설명이다. 설명에 대한 답으로 옳은 것은?

> 가. 다양한 식품군에 존재하며 어패류에 많이 함유되어 있다.
> 나. 아라비카종은 평균 0.6~1.2%가 함유되어 있다.
> 다. 로스팅 중 열분해되며 피리딘(pyridine)과 같은 향미물질과 니코틴산을 생성한다.

① 카페인
② 유리아미노산
③ 트리고넬린
④ 단백질

21. 다음 중 커피의 색상 변화에 영향을 미치지 <u>않는</u> 성분은 무엇인가?
① 클로로겐산
② 멜라노이딘
③ 캐러멜
④ 카페인

정답 19. ④ 20. ③ 21. ④

22. 수확 과정(Harvest)에서 생기는 결점두에 대한 설명으로 **틀린** 것은?

① Quaker – 덜 익은 체리에서 발생한다.
② Sour – 곰팡이에 의해 발생하며 불쾌한 신맛이 발생한다.
③ Rioy bean – 너무 많이 익은 체리로 인해 요오드 맛이 난다.
④ Immature – 나뭇가지 등이 들어가 쓰고 자극적인 맛이 난다.

23. 다음 원두 중에서 L값이 가장 높은 원두에 해당하는 로스팅은?

① 풀시티 로스트
② 미디엄 로스트
③ 라이트 로스트
④ 프렌치 로스트

24. 가공과정(Processing)에서 생기는 결점두에 대한 설명으로 **틀린** 것은?

① Crushed bean – 건조 중에 밟혀서 으깨져서 발생한다. 고르지 않게 볶인다.
② Partly depulped Cherry – 펄핑 도중 일부분만 과육이 제거되어 향미와 산미가 약하다.
③ Stinker bean – 너무 오래 발효되거나 잘못 말린 경우 발생한다.
④ Funky bean – 잘못된 탈곡으로 파치먼트에 감싸져 있다.

25. 다음 중 로스트 그레이드가 틀리게 연결된 것은?

① 라이트 로스트 – Agtron #85
② 하이 로스트 – Agtron #65
③ 풀시티 로스트 – Agtron #45
④ 프렌치 로스트 – Agtron #85

정답 22. ④ 23. ③ 24. ④ 25. ④

26. 아래 설명에 해당하는 로스터는 무엇인가?

> - 가장 보편적인 로스터 형태
> - 드럼의 후면부에 구멍을 뚫어(Perforated) 고온의 열풍이 드럼 내부를 지나가도록 설계
> - 화력으로 드럼이 가열되면 표면에서 발생하는 열전도에 의해 로스팅되며 동시에 열에 의해 생성된 열풍이 드럼 뒤쪽을 통하여 드럼 내부로 전달되어 대류에 의해 로스팅되는 방식이다.

① 디지털 로스터   ② 직화식 로스터
③ 반열풍 로스터   ④ 숯불 로스터

27. 아래 설명에 해당하는 로스터는 무엇인가?

> - 원통형의 구멍이 뚫린 드럼이 가로로 누운 형태
> - 버너의 화염으로 직접 가열하는 방식
> - 전도열의 조정으로 다양하고 개성 있는 거친 맛의 표현이 가능하다.

① 디지털 로스터   ② 직화식 로스터
③ 반열풍 로스터   ④ 숯불 로스터

28. 아래의 설명에 해당하는 로스터는 무엇인가?

> - 가열된 공기 속에 커피가 자유로이 움직이는 상태로 로스팅된다.
> - 열 교환 효과가 매우 높아 볶는 시간이 짧다.

① 유동층 로스터   ② 디지털 로스터
③ 드럼 로스터   ④ 프리시전(Precision) 로스터

정답 26. ③ 27. ② 28. ①

29. 로스팅 과정 중 그린커피의 수분함량에 따라 제어해야 할 중요한 조건이 아닌 것은?

① 열원의 종류와 가열 방법
② 열풍 온도와 콩의 표면 온도
③ 열의 조사 및 전열 방법
④ 로스팅 온도(열풍 온도)와 시간

30. 로스팅 방식에 대한 설명 중 ( )에 맞게 연결된 것은 무엇인가?

> - 로스팅 방식은 크게 3가지로 분류할 수 있다.
> - 가스불의 열량이 드럼 내부의 온도와 드럼 외부의 구멍을 통해 직접 드럼속의 커피와 열이 통하는 방식을 ( )식이라 한다.
> - 가열된 공기가 드럼 뒤쪽 구멍을 통해 드럼으로 들어가게 되고 데워진 드럼의 온도를 통해 로스팅되는 것을 ( )식이라 한다.
> - 화력이 드럼 밑에 붙어 있는 형태가 아니라 기계 뒷부분에 부착되어 있어 화력을 이용해 순수한 뜨거운 바람으로 균일한 로스팅과 로스팅 시간을 단축할 수 있는 방식을 ( )식이라고 한다.

① 반열풍, 직화, 열풍
② 직화, 반열풍, 열풍
③ 반열풍, 열풍, 직화
④ 직화, 열풍, 반열풍

31. 스페셜티커피에 대한 설명으로 틀린 것은?

① 바디(Body), 플레이버(Flavor), 아로마(Aroma), 어시더티(Acidity)의 개성과 여운이 남아 있으며 외부의 오염 냄새가 나지 않아야 한다.
② 프라이머리 디펙트(Primary Defect)는 허용하지 않고 풀 디펙트(Full Defects)는 5개 이내여야 한다.
③ 향미평가의 점수는 70점 이상이어야 한다.
④ 외관은 청록색일수록, 크기는 편차가 5%이상 나지 않아야 한다.

정답 29. ① 30. ② 31. ③

32. 로스팅에 따른 커피의 물리적 변화에 대한 설명으로 틀린 것은?

① 로스팅 초기 그린커피 내부의 수증기가 기화하며 많은 양의 수증기가 발생하고 그린커피 내부의 압력이 높아진다. 이때 공급되는 열량은 대부분 수분의 기화에 사용된다.

② 수분이 기화하면서 전체적으로 노란색을 띠기 시작하면서 갈변이 시작된다. 점차 색이 진해지며 팽창과 수축이 반복되며 1차적으로 표면을 감싼 실버스킨이 먼저 벗겨진다.

③ 수분의 증발과 가스의 형성을 통해 압력이 형성되고 이를 통해 팽창한다. 팽창도에 따라 세포의 공극률이 달라지고 추출수율에도 영향을 미친다.

④ 질량의 감소는 성분 감소와는 연관이 없다. 순수 질량의 감소는 이산화탄소, 일산화탄소로만 이루어져 있다. 질량 감소는 종류, 로스팅 정도, 시간에 따라 다르다.

33. 다음은 로스팅에 관한 내용이다. 바르게 설명한 것은?

① 그린커피가 열을 계속 흡수하면 조직이 수축하고 색상은 푸른색으로 변한다.
② 그린커피의 탄수화물, 지방, 단백질, 유기산 등은 화학 반응을 일으켜 커피의 맛과 향기 성분으로 변화한다.
③ 프렌치 로스팅은 원두가 계피색을 띠며 신맛이 뛰어나다.
④ 일반적으로 맛에 힘을 주는 강한 커피를 원하면 약하게 로스팅하고, 맛의 미묘한 변화와 감미로운 향미의 조합을 원한다면 강하게 로스팅한다.

34. 아래 커피의 성분들 가운데 다크 로스트(Dark Roast)로 로스팅했을 때 가장 많이 줄어드는 성분은?

① 탄수화물　　　　　　　　② 지방
③ 카페인　　　　　　　　　④ 아미노산

정답　32. ④　33. ②　34. ①

35. 로스팅 그레이드 중 다크 로스트(Dark Roast)에 대한 설명 중 <u>틀린</u> 것은?

① 커피의 볶음 정도를 강하게 할수록 커피원두의 무게는 줄어든다.

② 카페인 양이 증가한다.

③ 이산화탄소가 증가하며 옅은 풋냄새 향은 감소한다.

④ 오일(커피 지방성분)의 양은 일정량 늘어난 후 줄어든다.

36. 로스팅에 의한 커피콩의 물리적 변화에 대하여 틀리게 설명한 것은?

① 로스팅이 진행됨에 따라 커피콩의 비중은 감소된다.

② 로스팅이 진행됨에 따라 커피콩의 용적은 증가한다.

③ 로스팅이 진행됨에 따라 커피콩의 경도는 증가한다.

④ 로스팅이 진행됨에 따라 세포 내 성분은 gel상으로 유동화된다.

37. 커피를 라이트 로스트(Light Roast)했을 때, 수율에 가장 많은 영향을 미치는 요소는?

① 배출 온도 　　　　② 로스팅 시간

③ 로스터의 가열 방식　④ 그린커피의 함수율

38. 다음 중 산미(Acidity)가 가장 적게 남는 볶음 방식은?

① 8분 라이트 로스트 커피　② 12분 다크 로스트 커피

③ 12분 라이트 로스트 커피　④ 8분 다크 로스트 커피

39. 다음 중 산미(Acidity)가 가장 많이 남을 수 있는 볶음 방식은?

① 8분 라이트 로스트 커피　② 12분에 다크 로스트 커피

③ 12분 라이트 로스트 커피　④ 8분에 다크 로스트 커피

정답　35. ②　36. ③　37. ④　38. ②　39. ①

40. 다음 중 커피의 갈색색소 형성 반응이 아닌 것은?

① 그린커피에 5~10% 함유된 자당(Sucrose)의 캐러멜화 반응

② 아미노산 및 환원당 사이의 마이야르 반응

③ 단백질, 다당류 혹은 클로로겐산류, 트리코넬린 분해 물질들이 결합된 고분자 혼합물

④ 그린커피에 함유된 불포화지방산의 자동 산화 반응

41. 그린커피에 함유된 탄수화물은 유리당류와 다당류로 나뉜다. 이들에 대하여 틀리게 설명한 것은?

① 그린커피의 유리당류의 함량은 로스팅 후에도 거의 감소하지 않는다.

② 그린커피의 유리당류에 속하는 주성분은 자당(Sucrose)이다.

③ 그린커피의 유리당류는 로스팅한 커피의 갈색이나 향기의 형성에 크게 영향을 미친다.

④ 그린커피의 유리당류의 함량은 로부스타종보다 아라비카종에 더 많다.

42. 로스팅에 대한 설명 중 틀린 것은?

① 로스팅하기 전 커피로스터는 강한 화력으로 빨리 예열시켜야 한다.

② 로스팅 전 그린커피의 수분 함량, 조밀도, 수확연수, 가공 방법 등을 점검한다.

③ 커피로스터의 특징에 맞게 투입하는 그린커피의 양을 조절한다.

④ 로스팅하기 전 로스팅 포인트를 결정한다.

43. 로스팅 과정 중 그린커피의 수분 함량에 따라 로스팅 과정 중 로스팅 조건을 조절하는 것이 매우 중요하다. 제어해야 할 조건이 아닌 것은?

① 로스팅 온도와 시간   ② 열풍 온도와 콩의 표면 온도

③ 열원의 종류와 가열 방법   ④ 열의 조사 및 전열 방법

정답 40. ④ 41. ① 42. ① 43. ③

44. 다음은 커피에 쓴맛을 부여하는 트리고넬린에 대한 설명이다. 틀린 내용은?

① 카페인의 약 1/4정도의 쓴맛을 나타낸다.

② 트리고넬린은 N-methyl betaine이라고도 한다.

③ 로스팅 과정 중에 거의 분해되며 커피에 탄 냄새를 나타낸다.

④ 아라비카종보다 로부스타종의 그린커피에 더 많이 함유되어 있다.

45. 로스팅 진행 방법에 대한 설명 중 틀린 것은?

① 그린커피의 세포벽이 열을 받아 수분의 증발이 이루어진다.

② 로스팅 초기에 수분이 증발하면서 그린커피 조직이 팽창한다.

③ 원두 내부까지 열전달이 이루어지면 유지 성분이 용해되기 시작한다.

④ 발열반응이 시작되면 원두의 조직은 급격히 팽창한다.

46. 커피를 볶은 후, 커피의 볶음 상태를 확인할 때 지표가 될 수 없는 것은?

① 볶은 커피의 색깔　　② 볶은 커피의 팽창도

③ 커피의 종류　　　　④ 볶은 커피의 수율

47. 커피의 로스팅 정도에 따른 명도(L값)가 잘못된 것은?

① 미디엄 - 24.2　　② 하이 - 21.5

③ 시티 - 18.5　　　④ 풀시티 - 30.2

48. 그린커피를 로스팅할 때 일어나는 성분의 양적 변화 중 다른 하나는?

① Caffeine　　　　② Free sugar

③ Chlorogenic acid　④ Trigonelline

정답　44. ③　45. ②　46. ③　47. ④　48. ①

49. 그린커피의 지질 부위에 함유되어 있는 지방산 중 가장 많이 함유되어 있는 것은?

　① Oleic acid, Linolenic acid

　② Palmitic acid, Linolenic acid

　③ Stearic acid, Arachidonic acid

　④ Behenic acid, Arachidonic acid

50. 다음 중 세계 3대 커피는?

　① 블루마운틴, 코나, 예멘모카

　② 마일드, 브라질, 로부스타

　③ 이르가체페, 게이샤, 루왁

　④ 티피가, 버번, 문도노보

51. 로스팅 방식에 따른 로스팅 머신의 분류에 해당되지 않는 것은?

　① 직화식　　　　　　　　② 열풍식

　③ 반열풍식　　　　　　　④ 자연건조식

52. 커피 로스팅 시 사용하는 열원에 해당하지 않는 것은?

　① 가스　　　　　　　　　② 전기

　③ 화목　　　　　　　　　④ 증기

53. 로스팅 과정 중 샘플러(Sampler)를 통해 콩의 여러 변화 과정을 살펴볼 수 있다. 다음 중 확인할 수 없는 것은?

　① 향의 변화　　　　　　　② 색깔의 변화

　③ 형태 변화　　　　　　　④ 맛의 변화

정답　49. ②　50. ②　51. ④　52. ④　53. ④

54. 커피 로스팅 과정이 순서대로 나열된 것은?
① 건조(Dry) → 열분해(Pyrolysis) → 냉각(Cooling)
② 열분해(Pyrolysis) → 건조(Dry) → 냉각(Cooling)
③ 건조(Dry) → 냉각(Cooling) → 열분해(Pyrolysis)
④ 냉각(Cooling) → 열분해(Pyrolysis) → 건조(Dry)

55. 다음의 다양한 로스팅 방법에 대한 설명으로 틀린 것은?
① 저온 로스팅 : 저온으로 장시간 동안 로스팅하는 방법
② 고온 로스팅 : 고온으로 짧은 시간에 로스팅하는 방법
③ 더블 로스팅 : 로스팅을 두 번에 걸쳐 하는 방법
④ 혼합 로스팅 : 단종 로스팅 후 혼합하는 방법

56. 다음 중 블렌딩을 하는 이유로 틀린 것은?
① 커피 원가를 낮추기 위해
② 차별화된 커피를 만들기 위해
③ 새로운 맛과 향을 창조하기 위해
④ 단종 커피의 특성을 최대한 살리기 위해

57. 커피 로스팅 시 그린커피에 열을 가하는 방식은 다양하다. 다음 중 그린커피에 열을 전달하는 방식에 해당되지 않는 것은?
① 대류열   ② 복사   ③ 전도   ④ 자외선

58. 커피 향기와 맛에 깊은 관계가 있으며, 12~16%가 함유된 커피의 주요 성분은?
① 지방   ② 카페인
③ 트리고넬린   ④ 타닌산

정답 54. ① 55. ④ 56. ④ 57. ④ 58. ①

59. 커피 추출액에 함유되어 있는 무기질 성분 중 가장 많은 것은?
① K(칼륨)   ② P(인)
③ Na(나트륨)   ④ Ca(칼슘)

60. 다음 중 커피에 의해 체내 흡수가 저해되는 영양소는?
① Fe(철분)   ② Na(나트륨)
③ P(인)   ④ K(칼륨)

61. 그린커피에 가장 많이 함유되어 있으며, 로스팅을 하면 원두를 갈색으로 변하게 하고 향기를 생성하는 역할을 하는 성분은?
① 섬유질   ② 탄수화물
③ 회분   ④ 카페인

62. 그린커피에 들어 있는 유리당 중 가장 많이 함유되어 있는 것은?
① 자당(Sucrose)   ② 포도당(Glucose)
③ 과당(Fructose)   ④ 마노스(Mannose)

63. 다음 로스팅에 따른 맛 성분의 변화에 대한 설명 중 틀린 것은?
① 일반적으로 아라비카종은 유기산이 많아 신맛이 강하다.
② 맛 성분은 주로 가용성으로 끓는 물에서 약 18~22% 추출된다.
③ 일반적으로 아라비카종이 로부스타종보다 쓴맛이 강하다.
④ 그린커피의 당분, 유기산, 카페인, 무기질 등이 화학 반응하여 신맛, 단맛, 쓴맛, 떫은맛 등을 생성한다.

정답 59. ① 60. ① 61. ② 62. ① 63. ③

64. 다음 중 향기 성분에 대한 설명으로 맞는 것은?
① 향기 성분은 커피의 맛에는 영향을 미치지 않는다.
② 향기 성분은 로스팅 방법이나 로스팅 정도와는 관련이 없다.
③ 원두의 향기 성분은 생두의 품종, 재배지 고도와는 밀접한 관련이 없다.
④ 로스팅 정도에서 풀시티 로스트까지는 향기 성분이 증가하다 프렌치 로스트나 이탈리안 로스트에 이르면 오히려 감소한다.

65. 다음 커피의 맛 성분에 대한 설명 중 틀린 것은?
① 단맛은 산에 의해 나타나기도 한다.
② 신맛은 주로 혀의 앞쪽 끝부분에서 느껴진다.
③ 짠맛은 브롬, 염소, 질산염 등의 용액의 특징적인 맛이다.
④ 쓴맛은 카페인, 알카로이드 용액 등의 특징적인 맛이다.

66. 커피의 실버스킨(Silver skin)에 특히 많이 함유되어 있는 성분은 무엇인가?
① 클로로겐산   ② 식이 섬유질
③ 비타민   ④ 단백질

67. 다음 중 원두의 쓴맛 성분 중 약 10%를 차지하는 것은?
① 트리고넬린   ② 유기산
③ 카페인   ④ 퀸산

68. 다음 중 커피의 향미를 평가하는 순서로 맞는 것은?
① 향기 → 맛 → 촉감   ② 색깔 → 촉감 → 맛
③ 촉감 → 맛 → 향기   ④ 맛 → 향기 → 촉감

정답 64. ④ 65. ② 66. ② 67. ③ 68. ①

69. 다음의 커피 향기 성분 중 휘발성이 가장 강한 것은?
① 플라워리(Flowery)
② 너티(Nutty)
③ 초콜리티(Chocolaty)
④ 스파이시(Spicy)

70. 커피 맛을 표현하는 용어 중 향기로 지각할 수 있는 용어의 총칭은?
① 아로마(Aroma)
② 부케(Bouquet)
③ 플레이버(Flavor)
④ 프래그런스(Fragrance)

71. 커피의 전체적 향기를 일컫는 부케(Bouquet)를 구성하는 것이 <u>아닌</u> 것은?
① 프래그런스(Fragrance)
② 아로마(Aroma)
③ 에프터테이스트(Aftertaste)
④ 바디(Body)

72. 다음 중 커피 맛을 감별하기 위한 기본적인 미각에 해당하지 <u>않는</u> 것은?
① 짠맛
② 쓴맛
③ 단맛
④ 신맛

73. 다음 중 커피의 신맛과 관련이 <u>없는</u> 유기산은?
① 클로로겐산
② 시트르산
③ 말산
④ 카페산

74. 다음 바디(Body)에 관한 설명으로 맞는 것은?
① 커피의 산도(Acidity)를 나타내는 용어로 산도가 높은 커피일수록 바디가 강하다.
② 향기를 나타내는 용어로 약하게 로스팅한 커피에서 더욱 강하게 느낄 수 있다.
③ 커피를 마신 다음 혀에 남아 있는 커피의 향기를 말한다.
④ 입안에서 느껴지는 촉감과 관련이 깊은 용어로 커피의 지방 성분에 의해 느껴진다.

정답 69. ① 70. ② 71. ④ 72. ② 73. ① 74. ④

75. 커피를 너무 짧은 시간 동안 로스팅해서 당과 탄소화합물이 정상적으로 생성되지 않았을 때 나타나는 맛의 결함은?
   ① 러버리(Rubbery)   ② 베이크드(Baked)
   ③ 스코치트(Scorched)   ④ 그린(Green)

76. 커피를 약한 화력에 너무 오래 로스팅해서 캐러멜화가 충분히 진행되지 않아 나타나는 향미의 결함은?
   ① 베이크드(Baked)   ② 그린(Green)
   ③ 팁트(Tipped)   ④ 우디(Woody)

77. 다음 중 SCAA의 커핑 항목에 해당하지 않는 것은?
   ① 밸런스(Balance)   ② 후미(Aftertaste)
   ③ 쓴맛(Bitterness)   ④ 커피 향기(Fragrance)

78. 커핑을 실시하는 가장 중요한 목적은 무엇인가?
   ① 원두의 품질 평가
   ② 그린커피의 등급 분류
   ③ 로스팅의 정도 평가
   ④ 결점두 선별

79. 프렌치 로스트의 특징 및 관련 내용의 설명으로 틀린 것은?
   ① 베리에이션 에스프레소 커피 음료에 적합
   ② 전통적인 에스프레소용 커피
   ③ 쓴맛과 단맛의 조화
   ④ 신맛이 강하고 풍부한 맛이 적음

정답 75. ④ 76. ① 77. ③ 78. ② 79. ④

80. 로스팅 과정 중 1차 크랙 전인 옐로 단계에서 나타나는 현상이 아닌 것은?
① 그린커피가 열을 흡수하여 수분이 증발한다.
② 그린커피의 조직이 급격하게 팽창한다.
③ 녹색에서 점차 노란색으로 변화한다.
④ 향은 아직 약하게 나는 단계이다.

81. 다음 중 괄호 안에 들어가야 할 알맞은 것은?

로스팅 과정에서 두 번의 크랙이 발생하는데 1차 크랙은 그린커피 세포 내부의 (   )이 증발하면서 나타나는 내부 압력에 의해 발생하며, 2차 크랙 현상은 주로 (   )의 생성에 의한 팽창으로 발생한다.

① 향미성분, 이산화탄소
② 수분, 일산화탄소
③ 유기산, 질소
④ 수분, 이산화탄소

82. 1860년 미국의 번스(Burns)사와 독일의 에머리히(Emmerich)사에 의해 개발된 로스팅 머신은?
① 원심형 로스팅 머신
② 연속식 로스팅 머신
③ 드럼 로스팅 머신
④ 유동층 로스팅 머신

83. 다음중 열풍식 로스팅 머신에 대한 설명으로 틀린 것은?
① 소량 로스팅이 가능하다.
② 공급되는 열량 손실이 가장 적은 방식이다.
③ 직화식 로스팅 머신에 비해 개성적인 커피 맛과 향을 표현하기가 용이하다.
④ 직화식 로스팅 머신에 비해 원두 표면이 잘 타지 않는다.

정답 80. ② 81. ④ 82. ③ 83. ③

84. 다음 로스팅 머신의 부품에 대한 설명 중 틀린 것은?
① 버너 - 노즐을 통해 열을 드럼에 공급하는 장치
② 호퍼 - 미리 계량된 생두를 담아 놓는 깔때기 형태의 통
③ 댐퍼 - 드럼 내부의 공기 흐름과 열량을 조절하는 장치
④ 사이클론 - 로스팅 도중에 일정량의 콩을 꺼내 볼 수 있는 기구

85. 로스팅 머신은 구조에 따라 직화식, 반열풍식, 열풍식 로스팅 머신으로 분류할 수 있다. 다음 중 직화식 로스팅 머신에 대한 설명으로 맞는 것은?
① 외부 환경에 영향을 가장 많이 받는다.
② 주로 전도열과 복사열을 이용한다.
③ 개성적인 커피 맛과 향을 표현하기 어렵다.
④ 드럼 내부의 예열 시간이 가장 길다.

86. 다음 중 열풍식 로스팅 머신에 의한 급속 로스팅의 특성이 <u>아닌</u> 것은?
① 원두 세포에 열 침투가 더 잘된다.
② 직화식 로스팅에 비하여 원두의 비중이 높아진다.
③ 순환열풍에 의한 유동화 로스팅 방식으로 균일하게 로스팅된다.
④ 로스팅 정도가 동일해도 로스팅 시간이 짧아 가용성 고형분 함량이 더 많아진다.

87. 블렌딩 방법 중 '로스팅 후 블렌딩'의 특징에 대한 설명으로 틀린 것은?
① 각각의 그린커피를 따로 로스팅하고 난 후 블렌딩을 하는 방식이다.
② 로스팅 횟수가 많아 작업이 번거롭다.
③ 블렌딩 비율에 맞춰 계획적인 로스팅을 하지 않으면 특정 원두가 남는 일이 발생할 수도 있다.
④ 각각의 그린커피의 수확년도, 밀도 등에서 차이가 없는 경우 적합한 방법이다.

정답 84. ④ 85. ① 86. ② 87. ④

88. 로스팅을 하기 전에 이루어지는 전처리 과정에 대한 설명으로 맞지 않는 것은?
① 일반적으로 내추럴 커피보다 워시드 커피에 더 많은 시간이 걸린다.
② 커피의 향미를 더 좋게 하기 위한 과정이다.
③ 결점두나 이물질을 제거하는 과정이다.
④ 그린커피의 등급에 따라 소요되는 시간이 달라진다.

89. 다음 용어에 대한 설명 중 틀린 것은?
① Single origin Coffee : 하나의 품종으로 만들어진 커피
② Micro lot Coffee : 하나의 농장에서 생산된 커피
③ Estate coffee : 동일 국가의 지역이나 농장에서 생산된 커피
④ Blend coffee : 국가나 지역에 대한 구별보다는 맛과 향, 바디 등에 중점을 둔 커피.

90. 그린커피의 지방산 중 가장 많이 함유되어 있는 것은?
① Oleic acid   ② Linoleic acid
③ Stearic adcid   ④ Arachidic acid

91. 다음 중 그린커피에 함유되어 있는 지질 성분이 아닌 것은?
① Triglyceride   ② Diterpene
③ Tocopherol   ④ Cholesterol

92. 그린커피에 함유된 카페인에 대한 설명으로 틀린 것은?
① 그린커피 뿐만 아니라 커피 나뭇잎에도 소량 함유되어 있다.
② 카페인 함량은 아라비카가 로부스타에 비해 약 2배 이상 함유되어 있다.
③ 퓨린(Purine) 염기류에 속하며, 품종 및 재배지에 따라 함량 차이가 크다.
④ 퓨린(Purine) 염기류인 테오브로민, 테오피린 등은 로부스타에서는 미숙과에만 함유되어 있다.

정답 88. ① 89. ① 90. ② 91. ④ 92. ②

93. 커피의 카페인 성분에 대한 설명 중 틀린 것은?

① 아플라톡신의 생성을 억제하는 항균효능이 있다.

② 쓴맛 성분을 나타내며, 트리메틸 피리미딘 염기에 속한다.

③ 페니실리움 속 등과 같은 유해 곰팡이의 성장을 억제시킨다.

④ 커피의 알칼로이드 성분 중 함량이 제일 높다.

94. 그린커피의 전체 무기성분 중에 가장 함량이 많은 것은?

① 칼륨　　　　　　　　② 칼슘

③ 마그네슘　　　　　　④ 철분

95. 다음 중 그린커피에 함유되어 있는 영양성분에 해당하지 않는 것은?

① 펙틴　　　　　　　　② 알부민

③ 비타민K　　　　　　④ 비타민E

96. 그린커피, 원두의 미량 성분에 대한 다음 내용 중 맞는 것은?

① 그린커피의 무기질 중 칼륨은 항진균 효능이 있다.

② 비타민 중 니코틴산은 그린커피보다 원두에 더 많다.

③ 핵산, 질소염기, 스테롤 등과 같은 비단백질 질소화합물이 이에 속한다.

④ 커피의 떫은맛에 영향을 주는 성분에는 아세트산, 시트르산, 인산 등이 있다.

97. 커피의 전체 향기 중 추출한 커피에서 맡을 수 있는 향기를 아로마라고 한다. 다음 중 아로마와 관련이 없는 것은?

① Turpeny　　　　　　② Nut-like

③ Herbal　　　　　　　④ Fruity

정답　93. ②　94. ①　95. ③　96. ②　97. ①

98. 다음 중 애프터테이스트를 표현할 수 있는 용어에 해당하지 않는 것은?
① Carbony
② Spicy
③ Turpeny
④ Herby

99. 커피를 마신 다음 혀에 남아 있는 커피의 잔류 성분들과 이들로부터 발생한 증기에서 느낄 수 있는 향의 주된 성분은?
① 지질과 같은 비용해성 액체와 수용성 고형 물질
② 케톤이나 알데히드 계통의 휘발성 성분
③ 비휘발성 액체 상태의 유기 성분
④ 에스테르 화합물

100. 커피의 다양한 맛과 향을 전문적으로 평가하는 감별사 또는 커퍼는 커피의 향미를 아래와 같이 세부적인 용어로 표현한다. 다음 중 이와 관련이 없는 용어는?
① Rubber-like
② Malty
③ Ashy
④ Bitter

정답 98. ④ 99. ① 100. ④

■ 참고자료 및 이미지 출처 ■

그린커피, 커피아틀라스, 북오브로스트, 로스트마스터, 과학으로 풀어본 커피향의 비밀, 웹 월드 커피리서치, SCA, Wikipedia, Kew Royal Botanic Gardens www.kew.org, Wikimedia Commons, World Coffee Research worldcoffeeresearch.org, Google Image, Natal Atmospheric Research Laboratory(www.narl.gov.in), Scientists at Center for Coffee Research and Education at Texas A&M University, Counter Culture Coffee, commons.wikimedia.org, www.naeb.gov.rw, www.perfectdailygrind.com, Koffiebranderij BOON, Kopi Luwak www.awaaznation.com, MAUI Coffee Farm www.hawaiicoffeeassoc.org, Federaction Nacional de Cafeteros LOG—O www.federaciondecafeteros.org, dailycoffeenews.com, Pixino Free Image, coffeepublic.org/our-coffees, www.flavoursplace.com, Mexico Oaxaca Coffee beans on drying beds thecoffeevine.com, legacy.sweetmarias.com, johnsmitchell.photoshelter.com, www.ihcafe.hn, dailycoffeenews.com, texaslifestylemag.com

■ 집필진 ■

이름	소속
이상규	충북보건과학대학교 호텔제과음료과 교수 (사)한국커피협회 고문
이창훈	주식회사 커피하람 대표이사
김득만	커피앤베이커리학원 대표 (사)한국커피협회 부회장
김대곤	JC KOREA 차장
최재영	블랙탑바리스타학원 강사 (사)한국커피협회 바리스타2급 팀장
박연미	AstrudBrewers 대표 (사)한국커피협회 문제출제검정 팀장
조은정	비너스커피 대표
서혜승	SMK Partners 소속 (사)한국커피협회 이사
가희창	대전커피문화식음료학원 강사